戰爭
是最大的
惡

THE GREATEST EVIL IS WAR

普立茲新聞獎
戰地記者的血淚紀實

CHRIS HEDGES

克里斯·赫吉斯｜著

温澤元｜譯

獻給在二〇〇〇年五月二十四日於獅子山共和國一場伏擊中喪命的庫特・肖克（Kurt Schork）和米格爾・吉爾・莫雷諾・德莫拉（Miguel Gil Moreno de Mora）

「暴力致使的一切既無意義又無用，其存在沒有未來，亦不會留下任何痕跡。」[1]

——瓦西里・格羅斯曼（Vasily Grossman）

CONTENTS

第一章　戰爭是最大的惡　9
第二章　預知戰爭紀事　15
第三章　有價值與無價值的受害者　21
第四章　戰爭掮客　37
第五章　殺戮演繹　51
第六章　士兵的故事　63
第七章　存在危機　95
第八章　屍體　111
第九章　遺體返家　119
第十章　無法癒合的創傷　127
第十一章　戰爭的陰影　145
第十二章　戰爭即神話　153

第十三章　戰爭紀念館　167
第十四章　英雄的黃金時代　179
第十五章　孤兒　191
第十六章　永久的戰爭　209
尾聲　225
謝辭　229
參考書目　231
注釋　235

第一章

戰爭是最大的惡

無論是在伊拉克還是烏克蘭，以先發制人之姿發動戰爭，就是犯了戰爭罪。不管發動戰爭的原因是欺騙與謊言，比方說伊拉克的情況；還是因為違反與俄羅斯締結的多項協議，例如華盛頓打破承諾，將北約擴展到統一之後的德國邊界外、在中歐和東歐部署數以千計的北約部隊、干涉俄羅斯邊境國家內政，以及拒絕執行明斯克（Minsk）和平協議，這些都不是先發制人出兵的理由。假如沒有人打破這些承諾，俄羅斯恐怕不會入侵烏克蘭。俄羅斯完全有理由覺得自己被威脅、背叛，並感到憤怒。但理解不代表縱容。根據紐倫堡（Nuremberg）審判後確立的法律，入侵烏克蘭是一場觸法的侵略戰爭。

我很清楚戰爭的手段。戰爭並不是透過其他管道來行使的政治。戰爭是惡魔般的存在。戰地記者職涯長達二十年的我，曾駐紮中美洲、中東、非洲，也到過巴爾幹半島報導波士尼亞和科索沃的戰爭。我內心承載著幾十位被暴力吞噬的靈魂，其中包含我的知心好友，路透社記者庫特·肖克，他和另一位友人米格爾·吉爾·莫雷諾在獅子山共和國的一場伏擊中喪生。

我能體會戰爭帶來的混亂與失序，以及持續的不確定感和騷動。在交火過程中，你只能感知到周圍幾英尺範圍內的狀況。為了不被擊中，你拚死拚活想找出砲彈發射的方向，但不一定每次都能成功。

我感受到無助與令人動彈不得的恐懼，多年後，這種恐懼像一列貨運列車在半夜降臨般壓迫我，我被恐懼感纏繞包圍，心跳加速、汗水涔涔。

我聽到那些被悲痛折磨的人的哀號，他們抓著親友的屍體，孩童的遺體也在其中。到現在我還是聽得見那些哭喊。語言並不重要。西班牙文、阿拉伯文、希伯來文、丁卡文、塞爾維亞—克羅埃西亞文、阿爾巴尼亞文、烏克蘭文、俄文。死亡已穿透語言的隔閡。

我知道傷口長什麼樣子。腿被炸斷。頭部被炸成血肉模糊的一團。腹部的大洞。一灘血泊。垂死者的哭喊，有時是哭著尋找母親。還有氣味，死亡的氣味。為蒼蠅和蛆蟲做出的最高犧牲。

我在伊拉克和沙烏地阿拉伯遭祕密警察毆打；我在尼加拉瓜被反政府武裝人員俘擄，他們用無線電回報宏都拉斯的基地，詢問是否該把我殺了；在伊拉克第一次波斯灣戰爭之後，我又在巴斯拉（Basra）被俘，完全不曉得自己是否會被處決，身邊永遠都有人看守，而且經常餓著肚子，只能喝泥坑裡的水。

戰爭帶給我們的最大教訓，就是身為獨特個體的我們並不重要。我們變成數字、砲灰、物件。曾經珍貴而神聖的生命變得毫無意義，在戰神貪得無厭的需索下犧牲。戰爭期間，無人例外。尤金・史賴吉（Eugene Sledge）談到自己在二次世界大戰中，以海軍陸戰隊成員的身分部署南太平洋的經歷，「我們是可以被犧牲的，這讓人難以接受。我們來自一個重視生命與個人的國家和文化。發現自己處於一個生命看似沒什麼價值的情境，讓人感到極致的孤獨。一種尊嚴盡失的感覺。」[2]

史賴吉回想起一位年輕的海軍陸戰隊隊員，他有一個「殘忍、變態的癖好」，就是朝日本人遺體的口中撒尿。[3]

戰爭場面讓人產生幻覺。史賴吉稱之為「非真實的萬花筒」，[4]讓人無法理解。如芭芭拉・佛利（Barbara Foley）所寫，戰爭就像大屠殺，是「不可知的」。「我們從自由主義時代繼承而來的意識形態框架，無法觸及戰爭的所有面向」。[5]

交火時，你完全沒有時間概念。幾分鐘、幾小時。戰爭在一瞬間抹去家園和社群，抹去所有曾經熟悉的一切，留下烈火燃燒的廢墟以及伴隨一生的創傷。戰爭的滋味和自身的恐懼我已經嚐夠，我的身體也已經凍結成膠狀，能清楚知道戰爭永遠是邪惡的，是死亡最純粹的表達方式；我曉得戰爭被包裝成關乎自由與民主的愛國口號，讓那些天真的人買單，認為戰爭是通往光輝、榮耀和勇氣的門票。戰爭是有毒但誘人的靈藥。如寇特．馮內果（Kurt Vonnegut）所寫，倖存者在事後拚命「重新創造自己和自己的世界」，但在某種程度上，那永遠都不再有意義。

於內戰期間在醫院照顧傷兵的華特．惠特曼（Walt Whitman），在筆記本以粗體字寫下：「真正的戰爭永遠不會出現在書本上。」

「戰爭的內部歷史不僅永遠不會被書寫，」惠特曼認為，「其中的實際狀況，還有行動跟激情的枝微末節甚至永不會被提及。」[6]

戰爭破壞所有維繫和培育生命的系統：家庭、經濟、文化、政治、環境和社會。只要戰爭開打，沒有人知道接下來會發生什麼事、戰爭會如何發展，也沒人曉得戰爭會如何將軍隊和國家推向自殺式的愚行，連那些名義上負責發動戰爭的人也不知道。沒有任何戰爭是好的。完全沒有。就連二次世界大戰也不是，但二戰如今已被洗白、神格化，用來宣揚美國的英雄主義、純潔和善良。假如真相是戰爭中第一個被犧牲的東西，那排名第二的就是歧義性。美國媒體所擁抱和大肆宣傳的好戰論述，將普丁（Vladimir Putin）妖魔化、將烏克蘭人提升到半神的地位，並鼓吹發動更強硬的軍事干預以及施加旨在擊垮普丁政府的嚴厲制裁，這些不僅幼稚，而且危險。而在針對這次衝突的報導中，俄國媒體主張對立論述才是正確的，這又讓瘋狂的現象更一發不可收拾。

當時在塞拉耶佛，我們每天被數以百計的塞爾維亞砲彈擊中、持續遭狙擊手射擊，而躲在地下室的民眾談論的並不是和平與反戰。保衛城市是有意義的；殺人或被殺都是有意義的。在德里納河谷（Drina Valley）、武科瓦爾（Vukovar）和斯雷布雷尼察（Srebrenica），波士尼亞的塞爾維亞士兵已充分證明他們瘋狂屠殺的能力，比方說槍殺數百名士兵和平民，以及大規模強姦婦女和少女。但這並沒有讓塞拉耶佛的任何保衛者免受暴力，也就是戰爭那種摧毀心靈的力量荼毒。我認識一位波士尼亞士兵，他在塞拉耶佛郊區巡邏時聽到門後有聲響。他拿起ＡＫ-47步槍朝門的方向開了一槍。交手時，晚個幾秒鐘就有可能要人命。打開門，他發現一具血淋淋的十二歲少女屍體。他女兒也是十二歲。他再也沒有從這次創傷中恢復過來。

第二章

預知戰爭紀事

一九八九年我在中歐和東歐，工作是報導那場推翻僵化的共產主義獨裁政權的革命，而那場革命最後使蘇聯瓦解。那是個充滿希望的時代。北約隨著蘇聯帝國解體而顯得不合時宜。戈巴契夫（Mikhail Gorbachev）總統向華盛頓與歐洲伸出手，希望重新建立一個包含俄羅斯在內的安全條約，或許還能讓俄羅斯加入北約組織。雷根（Reagan）政府的國務卿詹姆斯．貝克（James Baker）跟西德外交部長漢斯—迪特里希．根舍（Hans-Dietrich Genscher）向蘇聯領導人保證，假如德國統一，北約將不會擴展到新的國界之外。英法兩國也給出不擴大北約的承諾，這似乎預示著一個新的全球秩序。和平帶來的福祉離我們越來越近。在領導人承諾之下，冷戰時期的大量武器開支，即將轉而挹注在社會福利和基礎建設上。為了滿足軍隊貪得無厭的胃口，這兩個面向長久以來遭到忽視。

當時的外交人員和政治領導者都明白，任何擴大北約的企圖都是愚蠢之舉，也是對俄羅斯的無端挑釁，有可能會扼殺冷戰結束時各國歡快締結的關係和連結。

我們是如此天真。戰爭產業並沒有打算要縮減其權力或利潤，而是在短時間內立刻著手招募前共產主義集團國家加入歐盟和北約。波蘭、匈牙利、捷克共和國、保加利亞、愛沙尼亞、拉脫維亞、立陶宛、羅馬尼亞、斯洛伐克、斯洛維尼亞、阿爾巴尼亞、克羅埃西亞、蒙特內哥羅和北馬其頓，這些目前加入北約的會員國，被迫重新配置軍隊以符合北約的軍事硬體設備標準，而這些調整往往使他們背負鉅額貸款。儘管俄羅斯抗議，歐洲和美國的武器仍源源不絕地運入烏克蘭，使該國成為實質上的北約成員。

和平的福祉並不存在。北約擴張的事實，立刻讓那些從冷戰中獲利的公司賺進數十億美元（比方說，在最近一次軍購案中，波蘭將花費六十億美元購買M1艾布蘭主戰坦克和其他美國軍事裝備）。假如俄羅斯不默認自己再次成為敵人，那俄羅斯就會被迫成為敵人。這就是我們現在的處境。在另一場冷戰的邊緣，從中獲利的只有戰爭產業，正如奧登（Wystan Hugh Auden）所描述：「小小孩在街上死去。」[7]

現在，在距離俄羅斯邊界一百英里的波蘭就有一座北約導彈基地。將北約推到與俄羅斯接壤的國界的後果，對政策制定者來說再清楚不過。然而他們還是這麼做。這在地緣政治上毫無意義，不過具有商業意義。畢竟，戰爭是一門生意，而且是一門有暴利可圖的生意。這就說明為何在幾年毫無結果的戰爭之後，幾乎所有人都認定美國已經踩進一個永遠無法獲勝的泥淖，但我們依然在阿富汗花了二十年時間。

維基解密取得並發佈一份機密外交電報，電報日期為二〇〇八年二月一日。該電報是從莫斯科發給美國參謀長聯席會議（Joint Chiefs of Staff）、北約歐盟合作組織（NATO–European Union Cooperative）、國家安全委員會（National Security Council）、俄羅斯莫斯科政治共同體（Russia Moscow Political Collective）、國防部長以及國務卿，文中清楚點出一項共識，即擴大北約的行為最後有可能導致與俄羅斯發生衝突，特別是在烏克蘭問題上。電報寫道：

俄羅斯不僅感受到北約的包圍，以及削弱俄羅斯在該地區影響力的企圖，同時還擔心會出現不可預測、不受控制的後果，進而嚴重影響俄羅斯的安全利益。專家表示，俄羅斯特別擔憂烏克蘭在加入北約這個決定上的強烈分歧（在烏克蘭的俄羅斯人多數反對加入北約），可能會導致國家嚴重分裂，出現暴力行為或在最壞的情況下引爆內戰。在這種情況下，俄羅斯不得不考量干預的可能性；這是俄羅斯不願面對的抉擇。……卡內基莫斯科中心（Carnegie Moscow Center）副主任德米特里．特列寧（Dmitri Trenin）表示，有鑑於烏克蘭在爭取北約會員身分時引發的激昂情緒與緊繃氣氛，他擔心長遠看來，烏克蘭最有可能成為破壞美俄穩定關係的因素。……由於烏克蘭內部政治仍未對加入北約達成共識，使得俄羅斯有機會干預介入。特列寧表示，他擔心俄羅斯當局內部官員會在鼓勵之下進行干預，刺激美國公開鼓吹提出反制的政治力量，使美國和俄羅斯陷入典型的對抗態勢。[8]

歐巴馬政府不想進一步刺激與俄羅斯的緊張關係，因此阻止將武器賣到基輔。但川普與拜登政府並沒有堅持這種謹慎的作為。美國與英國持續向烏克蘭輸出武器，這是兩國承諾烏克蘭的十五億美元軍事援助的一部分。縱使莫斯科一再抗議，這些軍事裝備依然涵蓋了數百件精密的標槍飛彈和NLAW反坦克飛彈。

美國及其北約盟友無意向烏克蘭派遣軍隊。反之，他們打算用武器淹沒這個國家，這就是他們在二〇〇八年俄羅斯和喬治亞的衝突中所做的。用烏克蘭人的屍體困住俄羅斯軍隊。

烏克蘭的衝突跟馬奎斯（Gabriel García Márquez）的小說《預知死亡紀事》（*Chronicle of a Death Foretold*）遙相呼應。小說中，敘事者承認「沒有其他死亡比這種死亡更早預示在我們面前」，[9]但沒有人能夠或願意去阻止它發生。我們這群在一九八九年到中歐和東歐報導的記者，都曉得挑釁俄羅斯的下場是什麼，但很少有人發聲來制止這種瘋狂行為。導向戰爭的步驟清晰有條理，儼然已經發展成生命體，推著我們像夢遊者一樣往災難而去。

北約擴展到中歐和東歐之後，克林頓（Clinton）政府向莫斯科承諾，北約的作戰部隊不會駐紮在當地，這是一九九七年《北約－俄羅斯基本協定》（NATO-Russia Founding Act）的關鍵議題。事實證明這項承諾只是另一個謊言。二〇一四年，美國從旁施力將總統維克多．亞努科維奇（Viktor Yanukovych）趕下台，親俄的他試圖與俄羅斯而非歐盟建立經濟聯盟。當然，一旦融入歐盟，正如其他中歐與東歐國家所經歷，下一步就是加入北約。俄羅斯被二〇一四年美國干預烏克蘭的舉動嚇壞了、對歐盟和北約的姿態感到震驚，然後併吞了克里米亞（Crimea），當地居民主要都是俄語母語者。導致我們陷入目前發生在烏克蘭的衝突的死亡漩渦，已經變得不可阻擋。

假使沒有敵人，戰爭狀態就無法持續。要是找不到敵人，那就製造一個。套句參議員安格斯．金（Angus King）的話，普丁已經成了新的希特勒，想要搶奪烏克蘭和中歐與東歐的其他地區。將衝突的歷史背景抽掉、把自己提升到救世主的位置、將自己反對的人視為新的納粹領導人，比方說薩達姆．海珊（Saddam Hussein）和普丁。主張出兵者靠著上述手段大聲呼籲發動戰爭，新聞媒體則在一旁無恥地鼓譟。

第三章

有價值與無價值的受害者

統治者將世人分成有價值和無價值的受害者。有些受害者值得我們憐憫，比方說深陷現代戰爭地獄的烏克蘭人；有些受害者的苦痛則被最小化，或是遭到反駁與無視。我們和盟友對伊拉克、巴勒斯坦、敘利亞、利比亞、索馬利亞和葉門平民施加的恐怖手段，屬於戰爭中令人遺憾的代價。我們跟莫斯科一樣給出空洞的承諾，聲稱不以平民為攻擊目標。統治者總是將軍隊描繪得充滿人性，表示軍隊的目的是為了服務和保護。附帶損害有時會發生，實在是令人遺憾。

只有那些不熟悉爆炸軍械、不曉得導彈殺傷區域之大的民眾，以及不懂鐵質破裂彈、迫擊砲、大砲和坦克砲彈，以及腰帶式機槍的人才會相信這個謊言。正如愛德華・赫爾曼（Edward Herman）與諾姆・杭士基（Noam Chomsky）在《製造共識：大眾傳播的政治經濟學》（*Manufacturing Consent: The Political Economy of the Mass Media*）中所說，這種將受害者分為有價值與無價值的論述，是政治宣傳中的關鍵要素，在戰爭中尤其如此。對莫斯科而言，住在烏克蘭的俄語人口是有價值的受害者。俄羅斯是他們的救世主。數以百萬計的烏克蘭家庭蜷縮在地下室和地鐵中，或者被迫逃離烏克蘭，他們是無價值的受害者。烏克蘭戰士被譴責為「納粹」。

有價值的受害者能讓公民覺得自己有同情心、有憐憫之心、有正義感。有價值的受害者是將侵略者妖魔化的有效工具。他們被用來抹去幽微的差異以及歧義性。如果你說西方聯盟是自己去挑釁俄羅斯的，你就會被斥為普丁的辯護者。這種說法玷污了有價值受害者的神聖地位，同時也玷污了我們的神聖地位。

我們是好人。他們是邪惡的。有價值的受害者不僅被用來表達神聖崇高的憤怒，也被用來煽動妄自尊大的情結以及有害的民族主義。動機變得無比神聖，戰爭成為一場虔敬的十字軍東征。以事實為基礎的證據被拋棄，各界呼籲出兵入侵伊拉克時就是如此。騙子、說謊者、詐騙高手、假冒的叛離者和投機主義者都變成專家，成為助長衝突的工具。

名人跟權勢者一樣，精心策畫自己的公眾形象，向有價值的受害者表露關懷與心意。喬治・克隆尼（George Clooney）等好萊塢明星前往達佛（Darfur），譴責卡土穆（Khartoum）犯下的戰爭罪；與此同時，美國在伊拉克和阿富汗殺害許多平民百姓。伊拉克戰爭和達佛的屠殺同等野蠻，但若對不值得同情的受害者的遭遇表達憤怒，就會被貼上敵人的標籤。

海珊在第一次波斯灣戰爭後對庫德族的攻擊，讓庫德族成為有價值的受害者；而巴勒斯坦人遭到以色列迫害，受到以色列空軍、砲兵和坦克部隊無情轟炸，導致數百人死傷，這並不怎麼重要。在一九三〇年代史達林大清洗的高峰期，有價值的受害者是在西班牙內戰中與法西斯份子作戰的共產黨人。在政府動員之下，蘇聯公民紛紛發送援助以及協助。無價值的受害者是被史達林處決並送往古拉格的數百萬人，處決有時是在場面鋪張的作秀公審之後進行。

一九八四年，我在薩爾瓦多報導時，天主教神父耶日・波比耶烏什科（Jerzy Popieluszko）在波蘭被政府特務殺害。他的死被用來譴責波蘭共產主義政府，這與雷根政府對一九八〇年薩爾瓦多國民警衛隊（Salvadoran National Guard）強姦和謀殺四名天主教教會人員的反應形成強烈對比。雷根政府試圖將這三名修女和一名在教會中幫忙的工作人員之死，解讀為他們自己的問題。雷根的駐聯合國大使珍妮・柯克派屈克（Jeane Kirkpatrick）表示：「這些修女不單純是修女，她們也是政治活躍份子。」國務卿亞歷山大・海格（Alexander Haig）推斷：「或許她們碰到障礙物了。」[10]

對雷根政府來說，被謀殺的女性教會成員是沒價值的受害者。薩爾瓦多的右翼政府在美國的武裝和支持下，當時還開玩笑說「當一個愛國者、殺一位神父」（Haz patria, mata un cura）。大主教奧斯卡・羅梅羅（Óscar Romero）在一九八〇年三月遭到暗殺。九年後，薩爾瓦多政權在聖薩爾瓦多（San Salvador）的中美大學（Central American University）校園的神職人員宿舍中，槍殺了六名耶穌會士和另外兩人。一九七七年至一九八九年間，處決小隊和士兵在薩爾瓦多殺害了十三名神職人員。

這並不是說有價值的受害者沒有受苦，也不是說他們不值得我們支持與同情；我想表達的，是只有有價值的受害者才會被當成人看，被當成跟我們一樣的人，而無價值的受害者不是。當然，如果像是在烏克蘭的案例中，受害者是白人，那這就很有幫助。但在薩爾瓦多被殺的神職人員也是白人和美國人，卻不足以動搖美國對該國軍事獨裁政權的支持。

赫爾曼和杭士基寫道：「大眾媒體從來沒有解釋為什麼安德烈・沙卡洛夫（Andrei Sakharov）有價值，然而烏拉圭的荷西・路爾斯・瑪莎拉（José Luis Massera）卻是沒有價值的。」他們接著指出：

> 在過濾機制的運作下，特別關注與常見二分法「自然而然」發生，但這個結果就跟人民委員對媒體下此明確指示一樣：「集中報導敵軍力量底下的受害者，忘記被盟友傷害的受害者。」關於有價值的受害者遭到不當對待的報導，不僅得以通過過濾機

制的篩選，還能成為持續政治宣傳的根基。如果政府或企業界和媒體認為一個故事是有用的、具有戲劇張力，他們就會密切關注這則故事，並用這則故事來啟迪、教育公眾。

比方說，一九八三年九月初，蘇聯擊落韓國KAL〇〇七號客機事件就是如此。這起事件讓詆毀官方敵人的政宣範疇得以擴大，並大幅推進雷根政府的武器計畫。正如貝爾納．格維茲曼（Bernard Gwertzman）在一九八四年八月三十一日的《紐約時報》上，得意地表示美國官員「聲稱全球對蘇聯處理危機的批評，強化了美國與莫斯科的關係」。然而，以色列在一九七三年二月擊落一架利比亞民航客機，此事件並未引起西方強烈反彈，沒有人出面譴責這是一起「冷血謀殺」事件，也沒有任何抵制，儼然與蘇聯事件構成強烈對比。《紐約時報》在一九七三年刊登的一篇社論，就以效用為由，解釋這兩起事件為何受到不同待遇：「一架利比亞客機於上週在西奈半島被擊落，針對此事之責任歸屬進行激烈辯論並無任何有益的效用。」但是把注意力擺在蘇聯身上卻有非常「有益的效用」，隨之而來的就是一場大規模政宣活動。11

假如有價值的受害者值得正義，而無價值的受害者不值得，則追究戰爭罪的責任就毫無可能。如果俄羅斯應該因為入侵烏克蘭而受制裁（我認為俄羅斯確實該被制裁），那美國也該為了入侵伊拉克而被制裁，因為那場戰爭是奠基在謊言與捏造的證據之上。

想像一下，假如美國最大的銀行、摩根大通、花旗銀行、美國銀行和富國銀行（Wells Fargo）與國際銀行系統的聯繫被切斷；想像一下，如果跟俄羅斯大老闆一樣腐敗的美國企業主，像是傑夫・貝佐斯（Jeff Bezos）、傑米・戴蒙（Jamie Dimon）、比爾・蓋茲（Bill Gates）和伊隆・馬斯克（Elon Musk），假使他們的資產被凍結，房產和豪華遊艇被沒收（貝佐斯的遊艇是世上最大的遊艇，估計斥資高達五億美元，長度比足球場還要多出五十七英尺）；想像一下，假如首要政治人物，比方說喬治・W・布希（George W. Bush）和迪克・錢尼（Dick Cheney）以及美國的「財團老闆」在簽證限制下被禁止旅遊；想像一下，如果世上最大的船運公司停止運送貨物往返美國；像像一下，如果美國的國際媒體新聞機構被強制停播；想像一下，假如美國的商業航空公司不得購買備件、客機被禁止進入歐洲領空；想像一下，假如我們的運動員不得主辦或參加國際體育賽事；想像一下，假如我們的交響樂指揮家和歌劇明星被禁止表演，除非他們譴責伊拉克戰爭，並以極端忠誠宣誓的姿態公開指責喬治・W・布希。

偽善的程度令人咋舌。根據國際法，某些策畫入侵伊拉克的官員，因進行先發制人的戰爭而成為戰爭罪犯。他們現在卻責備俄羅斯違反國際法。美國對伊拉克市中心進行的轟炸行動被稱為「震撼與威懾」（Shock and Awe）。在戰爭的頭兩個月，美軍向平民區投擲了三千枚炸彈，導致七千多名非戰鬥人員死亡。

福斯新聞（FOX News）主持人哈里斯・福克納（Harris Faulkner）板著臉對康朵麗莎・萊斯（Condoleezza Rice）說：「我認為，當你入侵一個主權國家時，就是犯下戰爭罪。」萊斯在伊拉克戰爭期間擔任布希的國家安全顧問。

萊斯表示：「這確實違反國際法和國際秩序的每項原則，這就說明為什麼現在以經濟制裁和懲處的方式來嚴厲懲罰他們，也是其中的一部分。而且，我認為全世界都反對俄羅斯的作為。當然，北約也強烈抵制。我以為冷戰結束後，北約就不會再那麼同心協力了，但他竟然有辦法讓北約再度團結起來。」

萊斯不經意提出一項論述，間接說明她也應該和布希的其他幫凶一起受審。替入侵伊拉克的行動找藉口時，她曾公開表示：「問題在於，我們永遠不知道他能多快取得核武。但我們不希望等到蕈狀雲升起時才說我們找到了確鑿的證據。」根據紐倫堡審判後制定的法律，先發制人的戰爭屬於違法侵略的戰爭，而她對發動這種戰爭所提出的理由，跟俄羅斯外交部長謝爾蓋・拉夫羅夫（Sergey Lavrov）主張的論調沒什麼兩樣，他說俄羅斯入侵是為了防止烏克蘭獲得核武。

這種虛偽在極少數情況下會被揭露，比方說當美國駐聯合國大使琳達・湯瑪斯—格林菲爾德（Linda Thomas-Greenfield）向聯合國報告：「我們在一些影片中看到，俄羅斯軍隊將極度致命的武器運進烏克蘭，這些武器是不允許在戰場上出現的，其中包含日內瓦公約禁止的集束炸彈和真空彈。」幾小時後，她這段話的官方紀錄遭到修改，加上「**如果這些武器是針對平民**」這句話。這是因為美國跟俄羅斯一樣從未批准《集束彈藥公約》（Convention on Cluster Munitions），卻經常在戰場上使用集束彈。美國在越南、寮國、柬埔寨和伊拉克用過集束彈。美國也曾向沙烏地阿拉伯提供集束彈，讓他們在葉門使用。俄羅斯用集束彈造成的平民死傷人數，還遠不及美軍的規模。

這讓我想到今日俄羅斯美洲台（RT America），我曾在該台主持一個名為「接觸」（On Contact）的節目。今日俄羅斯美洲台的資格被取消、無法傳播其內容之後，現在已經停播。這是美國政府的長期計畫。俄羅斯入侵烏克蘭，讓華盛頓有機會將今日俄羅斯美洲台關閉。這個網絡的媒體覆蓋面積很小，但對於那些想要挑戰企業資本主義、帝國主義、戰爭和美國寡頭政治的美國異議份子，今日俄羅斯美洲台提供了一個發聲的平台。

今日俄羅斯美洲台面對我公開譴責俄羅斯入侵烏克蘭時的態度，跟我的前僱主《紐約時報》處理我公開譴責伊拉克戰爭的方式，根本是截然不同。針對我在ScheerPost專欄中對入侵烏克蘭的譴責，今日俄羅斯美洲台於公於私都沒有發表意見。他們也沒有對越戰退役軍人與前明尼蘇達州州長傑西．溫圖拉（Jesse Ventura）的聲明發出評論。溫圖拉在今日俄羅斯美洲台也有一個節目，他透過文字表示：「二十年前，我因為反對伊拉克戰爭和入侵伊拉克而丟了工作。今天，我依然主張和平。正如我之前所說，我反對這場戰爭、反對入侵。如果為和平挺身而出會讓我丟掉另一份工作，那就這樣吧。我永遠都會公開反戰。」

在我譴責俄羅斯入侵烏克蘭後過了六天，今日俄羅斯美洲台被封鎖。如果該台繼續存在，溫圖拉跟我要付出的代價可能是丟掉工作，但至少在那六天，他們讓我們繼續播出。

儘管我是《紐約時報》中東分部的主任，在中東待了七年，而且會說阿拉伯語，報社還是在二〇〇三年發出正式書面譴責，禁止我談論伊拉克戰爭。這份譴責可能會讓我被解僱。如果我違反禁令，根據行會規則，報社有理由開除我。該報的另一位海外特派記者約翰．伯恩斯（John Burns）公開支持入侵伊拉克，他沒有遭到訓斥。

在公共論壇上，我針對入侵伊拉克將引發的混亂和流血場面，一再提出警告，這不只是在發表個人意見，事實證明我是對的。這是來自在該區域駐紮多年的經驗分析，我所謂的該地區也包含伊拉克；另外，那也是因為我對戰爭的運作與手段有深入的了解，而這正是布希政府官員所缺乏的。但我的聲音挑戰主流說法，並且遭到壓制。這種對於反戰觀點的審查現在正發生在俄羅斯，但我們應該記得，在入侵伊拉克的開端與初期階段，這種現象同樣發生在美國。

我們這群反對伊拉克戰爭的人，無論我們在該區域有多少經驗，都一概被邊緣化、遭到詆毀。跟有線電視新聞頻道MSNBC簽了三年合約的溫圖拉，最後也看著自己的節目被取消。

那些替戰爭加油喝采的人，比方說喬治．帕克（George Packer）、湯馬斯．佛里曼（Thomas Friedman）、保羅．伯曼（Paul Berman）、邁克爾．伊格納蒂夫（Michael

Ignatieff）、里昂．韋斯蒂爾（Leon Wieseltier）和紀思道（Nicholas Kristof），這群人被托尼．朱特（Tony Judt）稱為「布希身邊有用的白癡」，他們主導媒體版面。他們將伊拉克人描繪成受壓迫、值得同情的受害者，美軍能讓他們重獲自由。塔利班統治下的婦女遭遇的困境，是轟炸和佔領該國的戰鬥口號。這些掌權者身邊的弄臣，為權力菁英和戰爭產業的利益服務。他們將受害者分成有價值和無價值兩種。這對他們的職涯來說挺有幫助的，他們也心知肚明。

在駐紮中東地區的記者社群中，大家幾乎都認同入侵伊拉克是相當愚蠢的行為，但多數人會避免公開發表反對意見，以免危及自己的飯碗。他們不希望我的命運成為他們的命運，尤其是我在伊利諾州羅克福德（Rockford）的畢業典禮上，因發表反戰演講而被噓下台，成為右派媒體的出氣筒後，大家更是害怕步上我的後塵。那個時候，每當我走過新聞編輯室，認識多年的新聞工作者都低著頭，或是把頭撇過去，好像我得了痲瘋病一樣。我的職業生涯已畫下句點。不僅是《紐約時報》，任何一家大型媒體機構都不會要我。這就是我的處境，孤立無援。當時，羅伯．希爾（Robert Scheer）因反戰立場丟掉《洛杉磯時報》的專欄作家工作，他招募我替美國新聞網Truthdig撰稿，並由他負責編輯。

俄羅斯在烏克蘭的軍事行動，至少到目前為止，跟美國自己在伊拉克、阿富汗、敘利亞、利比亞和越南的野蠻行徑不相上下。對於道德正義感氾濫的新聞界來說，他們不會去觸及這個令人為難的事實。

沒有人比美軍更精通科技戰爭以及大屠殺的手段。暴行曝光時，比方說美軍在越南美萊村（My Lai）屠殺五百名手無寸鐵的村民，或是在阿布格萊布（Abu Ghraib）凌虐囚犯，新聞界就會履行職責，將這些事件包裝成反常例外狀況。實際上，這些殺戮和虐待是蓄意的，是美軍高層策畫的行動。步兵部隊在遠程火砲、戰鬥機、重型轟炸機、導彈、無人機和直升機協助下，夷平大片「敵軍」領土，殺死絕大多數的居民。美軍在從科威特入侵伊拉克期間，劃定一個六英里寬的射擊自由區，殺死數百名甚至數千名伊拉克人。這種無差別殺戮行動，點燃伊拉克的叛亂情緒。

我在第一次波斯灣戰爭中抵達伊拉克南部時，那裡已被夷為平地。村莊和城鎮成了燃燒的廢墟。死者的屍體倒臥散落在地，其中不乏婦女和兒童。淨水系統、發電廠、學校和醫院、橋樑，這些基礎設施全被炸毀。美軍總是透過「過度殺戮」來發動戰爭，這就是為什麼美軍在越南投下相當於六百四十顆廣島原子彈大小的炸彈，其中多數實際上都落在我們所謂越南盟友居住的南方。美軍也在越南噴灑七千多萬噸的除草劑，投擲三百萬枚白磷火箭彈（白磷會讓人全身著火燃燒），以及估計四十萬噸的膠狀燃燒凝固汽油彈。[12]

「百分之三十五的受害者，」尼克・圖斯（Nick Turse）談到越戰時寫道：「在十五到二十分鐘內死亡。」來自空中的死亡，就跟地面的死亡一樣，往往是以任性妄為的姿態宣洩而出。「越南的美軍常常會炸毀整座村莊或轟炸大面積土地，只為了殺死一位狙擊手。」[13]

越南村民，包括老弱婦孺，經常會被趕到名為「牛籠」的小鐵絲網裡。他們會被電擊、輪姦，還會被倒吊過來毆打虐待直到失去意識，他們委婉地將這種手法稱為「坐飛機」。被拘留者的指甲被扯掉、手指被肢解、身體被刀砍，或是被棒球棍打到失去意識以及被施以水刑。中情局處決小隊策畫的定點殺戮行動無所不在。

包含對人類在內的大規模破壞已成為極致的饗宴。在越南，朝村莊連發自動步槍子彈、數百發帶式機槍子彈、九十毫米的坦克砲彈、無窮無盡的手榴彈、迫擊砲和砲彈，有時還搭配沿海戰艦發射的兩千七百磅巨型爆炸彈，這是一種變態扭曲的娛樂方式，後來在中東也再次上演。美軍在鄉下地區埋滿闊刀地雷。這就是美軍的特有戰略：一罐罐的汽油彈、滾球炸彈、殺傷火箭、高爆炸性火箭、集束炸彈、高爆彈和鐵質破裂彈（包含巨型B-52同溫層堡壘戰略轟炸機投放的四萬磅炸彈），以及空投化學落葉劑和化學氣體。大面積土地被指定為射擊自由區（這個詞後來被軍方改成聽起來更中立的「特定攻擊區」〔specified strike zone〕），在這個區域內的所有人都是敵人，老人、婦女和兒童也一樣。

要是有士兵和海軍陸戰隊隊員試圖舉發他們目睹的戰爭罪行，可能會面臨比被施壓、名譽掃地或無視更惡劣的命運。尼克・圖斯在他的書《殺掉任何會動的東西：美國在越戰時不為人知的殘暴》（*Kill Anything That Moves: The Real American War in Vietnam*）中寫道，一九六九年九月十二日，喬治・春科（George Chunko）寫了一封信給父母，描述他所屬的部隊走進一戶人家，裡頭有一名年輕的越南婦女、四名幼童、一位老人和一位軍齡男子。那名年輕男子似乎是南越軍隊的逃兵。美軍將他身上的衣服剝光，把他綁在樹上。他的妻子跪在地上向美軍求饒。春科在信中指出那位囚犯「被嘲笑、被打耳光，臉上還被抹了泥巴」。[14] 隨後男子就被處決。

寫完這封信的隔天，春科被殺害。圖斯在書中寫道，春科的父母「懷疑兒子被殺是因為美軍想要掩蓋罪行」。[15]

當我們為烏克蘭人民表達內心的痛苦，並陶醉於自己的道德優越感時，卻無人揭露這些事情。一位巴勒斯坦或伊拉克兒童的生命，跟一名烏克蘭孩童的性命一樣珍貴。沒有人應該活在恐怖和恐懼中。沒有人應該被犧牲在戰神的祭壇上。但是，在所有受害者都被當成有價值的個體來看待、在所有發動戰爭的人都被究責並繩之以法之前，這種虛偽的生死遊戲還會繼續下去。有些人值得活，其他人則不值得；把普丁抓到國際刑事法院接受審判，沒問題，但喬治·W·布希也必須被關進牢籠中跟普丁當獄友。如果我們看不見自己，就看不見他人，而這種盲目就是災難的源頭。

第四章

戰爭掮客

同樣一批鼓吹戰爭的學者、外交政策專家和政府官員，年復一年，一次又一次地潰敗，沾沾自喜地迴避他們策畫的軍事災難的責任。他們變化多端，隨著政治風向巧妙地朝著不同的方向倒，從共和黨轉到民主黨，然後再回到共和黨；從冷戰支持者到新保守主義者再到自由主義干預支持者。他們是偽知識份子，身上散發著常春藤盟校的勢利眼氣息，令人感到俗不可耐。他們向公眾推銷永恆的恐懼、永恆的戰爭，以及種族主義的世界觀，在那個世界觀中，那群少數菁英內心想的永遠是暴力。

他們是戰爭的掮客，是五角大廈的傀儡，是國家中的國家，是提供他們智囊團大量資金的國防承包商：新美國世紀計畫（Project for the New American Century）、美國企業研究院（American Enterprise Institute）、外交政策倡議（Foreign Policy Initiative）、戰爭研究所（Institute for the Study of War）、大西洋理事會（Atlantic Council）和布魯金斯研究所（Brookings Institution）。就像對抗生素產生抗藥性的變異菌株一樣，這群人無法被消滅。不管他們錯得多離譜、理論有多荒謬、撒了多少次謊、做過多少詆毀其他文化和社會的野蠻舉動，或者發動過多少次失敗的殘忍軍事干預行動，那都不重要。他們是不可動搖的道具，是任何帝國（包含我們這個帝國）在垂死掙扎時被吐出來的官僚人物，他們寄生、依附在權力身上，從一個自我毀滅的災難跳到下一個災難。

我報導過在這些戰爭騙子的策畫與資助下，受害者承受哪些痛苦、苦難和凶殘的暴行。我與他們的初相遇是在中美洲。埃利奧特・艾布拉姆斯（Elliot Abrams）因為在伊朗門事件（Iran-Contra Affair）中，向美國國會提供誤導性的證詞而被定罪。後來，他被喬治・W・布希總統赦免，這樣他才能回到政府做事、向我們推銷伊拉克戰爭。還有羅伯・卡根（Robert Kagan），他是國務院拉丁美洲公共外交辦公室的主任，他宣揚薩爾瓦多和瓜地馬拉的殘暴軍事政權的理念，也幫尼加拉瓜那群反抗桑定民族解放陣線（Sandinista）政府的強姦犯與殺人犯部隊推動政宣，甚至還提供非法資助。他們的工作是詆毀我們的報導。

柏林圍牆倒塌後，他們與那群愛好戰爭的同路人繼續推動北約在中歐與東歐的擴張，違反不將北約擴展到統一德國邊界外的協定，不顧一切與俄羅斯對立。不管是過去還是現在，他們都是以色列種族隔離政策的支持者，替以色列針對巴勒斯坦人犯下的戰爭罪辯護，並且短視近利地將以色列的利益與我們的利益混為一談。他們主張空襲塞爾維亞，呼籲美國「幹掉」斯洛波丹・米洛塞維奇（Slobodan Milošević）。他們制定政策來入侵阿富汗、伊拉克、敘利亞和利比亞。羅伯・卡根和威廉・克里斯托

（William Kristol）以其一如既往的無知心態，在二〇〇二年四月寫道「通往真正安全與和平的道路」，就是「穿過巴格達的那條路」。[16]

結果也呈現在我們眼前。這條路導致伊拉克解體，民生基礎設施瓦解毀壞：四十三天內就有九萬噸的炸彈傾瀉在該國領地上，二十座發電廠中有十八座以及幾乎所有的抽水與衛生系統被摧毀。激進的聖戰組織在整個地區崛起，民生頹敗潦倒。伊拉克戰爭以及在阿富汗戰敗的恥辱，粉碎美國軍事和全球霸權的幻想。伊拉克戰爭還使與九一一攻擊毫無關連的伊拉克人，死於美軍無差別的平民大屠殺，使伊拉克囚犯遭到美軍凌虐及性羞辱，並且讓伊朗成為該地區最重要的力量。他們繼續呼籲與伊朗開戰，當時弗雷德里克・卡根（Fred Kagan）說：「除了進攻，我們沒有其他辦法能迫使伊朗放棄核武。」他們反覆呼籲推翻總統尼古拉斯・馬杜洛（Nicholas Maduro），而在此之前他們也曾鼓吹讓委內瑞拉的烏戈・查維茲（Hugo Chavez）下台。他們將矛頭指向尼加拉瓜的死對頭丹尼爾・奧蒂嘉（Daniel Ortega）。

他們信奉一種盲目的民族主義，這種價值觀使他們無法從自己以外的任何角度來看待世界。他們對戰爭的機制與後果，以及隨之而來、不可避免的反作用一無所知。他們將暴力重生的心態加諸於他人身上，但對那些成為目標的民族和文化一點都不了解。他們相信自己具有神聖的權利，能將自己的「價值觀」強加於人。慘敗連連。現在他們正挑起一場與俄羅斯的戰爭。

南斯拉夫作家達尼洛・基斯（Danilo Kiš）指出：「根據定義，民族主義者是無知者。民族主義是阻力最小，也最容易的一條路。民族主義者無憂無慮，他知道或認為自己知道自己的價值是什麼——他的道德價值和政治價值（換言之就是民族的、他所屬的民族的價值）。他對其他人不感興趣，他不在乎其他人。困境跟地獄，那是其他人的事（其他國家、其他種族）。他們甚至不需要研究調查。民族主義者以他自己作為民族主義者的形象來看待其他人。」[17]

拜登政府充斥著這種無知者。喬・拜登（Joe Biden）也不例外。羅伯・卡根的妻子盧嵐（Victoria Nuland）擔任拜登的國務院政治事務副國務卿。安東尼・布林肯（Antony Blinken）擔任國務卿。傑克・蘇利文（Jake Sullivan）是國家安全顧問。他們都來自這個由道德和知識份子組成的陰謀集團，其中包括創辦戰爭研究所（The Institute for the Study of War）的金伯莉・卡根（Kimberly Kagan，弗雷德里克・卡根之妻）、威廉・克里斯托、馬克斯・布特（Max Boot）、約翰・帕德赫羅茨（John Podhoretz）、蓋瑞・施密特（Gary Schmitt）、理查德・珀爾（Richard Perle）、道格拉斯·菲斯（Douglas Feith）和大衛·弗魯姆（David Frum）等人。許多人曾經是堅定的共和黨人，或者像盧嵐一樣，曾在共和黨和民主黨政府任職。盧嵐曾是副總統錢尼的首席副國家安全顧問。

他們因需求持續擴大的國防預算和持續擴增的軍隊而團結在一起。朱利安·班達（Julian Benda）將這些權力的弄臣稱為「知識階層中將自己一手打造成野蠻人的人」。

「軍事力量是無可取代的，而我們目前並不具有足夠的軍事力量。」擔任美國外交關係協會（Council on Foreign Relations）高級研究員的艾布拉姆斯，在一份二〇二二年三月的報告中指出，「我們應從國內生產毛額中撥出更高的比例來用於國防，這點現在應該很清楚。我們會需要更多船舶與飛機的傳統軍備力量。我們也需要在先進軍事科技方面與中國匹敵，但在另一方面，如果我們必須像冷戰時期那樣在歐洲駐紮數千輛坦克，我們或許也需要更多坦克（目前長期駐紮歐洲的美國坦克數量為零）。一直刻意縮減美軍核武規模或阻止核武現代化，絕對都不是上上策。但如今，由於中國與俄羅斯正逐步革新其核武，並且似乎不願與他國協商新的限制，美國應該徹底摒棄這種限縮核武發展的心態。我們的核武需要現代化以及擴充規模，我們才不會在面對普丁正在製造的核武威脅時處於劣勢。」[18]

他們曾經抨擊自由主義的軟弱和姑息政策，但他們迅速轉移陣腳跑到民主黨，而不是繼續支持川普，因為川普沒有展現出與俄羅斯起衝突的意願，他還將入侵伊拉克稱為「天大的錯誤」。此外，他們說的沒錯，希拉蕊・柯林頓（Hillary Clinton）是新保守主義者。美國選民痛斥那些傲慢、不負責任的權力掮客，而他們本該如此，與此同時，自由主義者依然想不透為何有近半數選民會投給川普。

這群思想家並沒有看到他們的受害者的屍體。我看到了。包含孩童的屍體。我在瓜地馬拉、薩爾瓦多、尼加拉瓜、加薩走廊（Gaza）、伊拉克、蘇丹（Sudan）、葉門或科索沃，月復一月、年復一年看著腳下倒臥的屍體。這些屍體顯示那群思想家已經道德破產，在智慧以及理智層面也一點都不誠實，而且還暴露出他們病態的嗜血傾向。他們未曾在軍中服役，他們的孩子也沒有在軍中服役。但他們熱切地將年輕的美國男女送上戰場，替他們自欺欺人的帝國與美國霸權夢想犧牲。或者，正如在烏克蘭，他們提供數億美元的武器裝備和後勤支持，來維繫這場長期、血腥的代理人戰爭。

對他們來說，歷史時間隨著二戰的結束而停止。美國在冷戰期間在印尼、瓜地馬拉、剛果、伊朗和智利推翻民選政府（中情局在智利當地監督暗殺軍隊總司令勒內・史耐德〔René Schneider〕與總統薩爾瓦多・阿葉德〔Salvador Allende〕的行動），還有豬玀灣事件（the Bay of Pigs），以及越南、柬埔寨和寮國戰爭中的暴行與戰爭罪行，連同他們在中東製造的災難，這些全都消失在他們集體歷史失憶的黑洞中。他們宣稱美國的全球統治是良善的，是一種善的力量，是「仁慈的霸權」。查爾斯・克勞薩默（Charles Krauthammer）堅定地認為世界歡迎「我們的力量」。所有敵人，從海珊到普丁，他們都是新的希特勒。美國的所有干預行為都是為自由而戰，能讓世界變得更安全。所有拒絕轟炸和佔領另一個國家的行為，都像是一九三八年的慕尼黑協定，是新時代的內維爾・張伯倫（Neville Chamberlain）在抵抗邪惡力量時退縮的可悲之舉。

「美國還沒徹底理解二次世界大戰的狀況，所以無法用這種理解來重新詮釋和定義國家的現實，因此社會公眾仍不夠成熟。」保羅・福塞爾（Paul Fussell）寫道。他曾以中尉的身分在法國的第一〇三步兵師率領一排步兵，並在一九四五年春天受了重傷。[19]

美國確實有外患，但最大的威脅卻是來自內部。

那些推銷戰爭的人對伊拉克或俄羅斯等國家展開政宣攻擊，然後等待危機發生（他們稱之為下一次珍珠港事件〔Pearl Harbor〕），好替不正當的行為辯護。一九九八年，威廉·克里斯托和羅伯·卡根，連同其他十幾位知名的新保守主義者，寫了一封公開信給柯林頓總統（Bill Clinton），譴責他牽制伊拉克的政策是失敗的，並要求他開戰，推翻海珊。他們警告，如果繼續走這條「軟弱和飄移的道路」，會「使我們的利益與未來置身險境」。

國會中，共和黨與民主黨的多數急著通過《伊拉克解放法》（Iraq Liberation Act）。很少有民主黨或共和黨人敢在國安問題上被視為軟弱。該法案指出，美國政府會努力「剷除以海珊為首的政權」，並且批准九千九百萬美元來達成此目標，其中一部分用於資助艾哈邁德·沙拉比（Ahmed Chalabi）的伊拉克國民大會（Iraqi National Congress）。小布希執政期間，政府為了替伊拉克戰爭辯護，散播各種假消息與謊言，而伊拉克國民大會在這方面可是幫了不少忙。

九一一攻擊事件替這場戰爭派對起了頭，首先是阿富汗，再來是伊拉克。對穆斯林世界一無所知的克勞薩默寫道：「姑息政策和甜美的情感攻勢無法馴服阿拉伯世界，我們必須運用原始的力量以及勝利來征服。……專家們似乎經常忽略一項基本的真理……那就是權力本身就是一種報酬。勝利改變一切，首先是心理層面的改變。對美國力量的恐懼與深切的尊重，這就是中東目前的心理狀態。現在是使用力量的時候了。」[20]

二〇〇二年二月七日，威廉・克里斯托在參議院外交關係委員會（the Senate Foreign Relations Committee）作證時，闡述了與伊拉克開戰的理由，以及推翻海珊政權能替美國帶來的無數好處：

這跟阿富汗的狀況一樣，關於出兵伊拉克，更宏大的問題是：戰爭結束後會出現什麼狀況？伊拉克反對派缺乏阿富汗北方聯盟（Northern Alliance）那樣的軍事力量。但是，伊拉克主張的政治合法性甚至比北方聯盟更高。而且，正如在喀布爾（Kabul）以及一九九一年在伊拉克的庫德族和什葉派地區一樣，美國和聯軍部隊會在巴格達以解放者之姿受到歡迎。其實，重建伊拉克的任務，可能會比在阿富汗建立一個有生存能力的國家還要容易。

政治、戰略和道德上的回報也會更大。一個友好、自由、產油的伊拉克會讓伊朗被孤立，並讓敘利亞感到恐懼；巴勒斯坦人會更願意與以色列認真談判；沙烏地阿拉伯對美國和歐洲政策制定者的影響力會降低。將海珊與其黨羽趕下台是一個能真正改變中東地區政治格局的機會，而布希總統清楚看見這個機會。[21]

確實，中東地區的政治格局出現變化，但這個變化對美國並不有利。

他們渴望能發生世界末日般的全球戰爭。羅伯的弟弟弗雷德里克·卡根是軍事歷史學家，他在一九九九年寫道：「美國必須有能力與伊拉克和北韓作戰，**也**必須有能力在巴爾幹半島和其他地區對抗種族滅絕，而不影響其對抗兩個主要區域性衝突的能力。**美國現在必須能夠考慮與中國或俄羅斯長時間（但不是無限長）開戰**（重點為筆者所加）。」[22]

他們相信暴力能神奇地解決所有爭端，甚至是以巴之間的衝突矛盾。在九一一事件後不久的一次古怪採訪中，身為耶魯大學古典學者和右翼思想家的唐納·卡根（Donald Kagan，羅伯與弗雷德里克的父親），與兒子弗雷德里克一起呼籲在加薩走廊部署美軍，這樣美國就能「向這些人開戰」。他們長期以來一直要求在烏克蘭部署北約部隊，羅伯·卡根也說：「我們不需要擔心北約的包圍會是問題，俄羅斯的野心才是問題。」他的妻子盧嵐在二〇一四年與美國駐烏克蘭大使傑弗里·派亞特

（Geoffrey Pyatt）交談的一通電話曝光後，大家才發現盧嵐在電話中貶低歐盟，並且密謀推翻與俄羅斯關係密切、合法當選總統的維克多．亞努科維奇，安排讓順從的烏克蘭政客上台，其中多數人最後也確實取得權力。他們遊說將美軍派往敘利亞，以協助試圖推翻阿薩德（Bashar al-Assad）的「溫和」叛軍。不過，這種干預行動催生出哈里發國。美國最後轟炸了自己協助武裝的部隊，實際上成了阿薩德的空軍。

俄羅斯入侵烏克蘭就像九一一攻擊，是個自我驗證的預言。普丁，就像他們針對的其他人一樣，只懂得動用武力。他們向我們保障，我們能在軍事上使俄羅斯屈服於我們的意志。

「的確，在二〇〇八年或二〇一四年堅定地採取行動，這確實代表我們冒著衝突的風險。」羅伯．卡根在關於烏克蘭的外交事務中，針對美國拒絕在早些時候與俄羅斯進行軍事對決表示惋惜，「但華盛頓現在正冒著衝突的風險；俄羅斯的野心已經造成一個固有的危險局面。對美國而言，如果要冒險與之對抗，最好是在好戰大國處於野心和擴張的初期階段，而不是等他們已經鞏固了實質收穫與成果之後才行動。俄羅斯可能擁有可怕的核武，但如果當時西方插手干預，莫斯科使用核武的風險並不會比二〇〇八或二〇一四年還高。而且風險一直都相當小：普丁絕對不會透過毀滅自己、自己的國家和世界上大部分的地區，來實現他的目標。」[23]

簡單來說，不要擔心與俄羅斯開戰，普丁不會使用炸彈。

我不曉得這些人到底是愚蠢還是憤世嫉俗，或者兩者都是。他們得到戰爭產業的鉅額資助。他們從來沒有因為屢屢幹下蠢事而被政治人脈拋棄。他們輪流上台，進出美國外交關係協會或布魯金斯學會（Brookings Institution）等單位，然後再被召回政府工作。不管是在歐巴馬、拜登還是布希政府，他們同樣受歡迎。對他們來說，冷戰從未結束。世界依然是二元的，我們和他們、正義和邪惡。他們從未被究責。一次軍事干預失敗後，他們就準備推動下一場干預。如果不阻止他們，這群奇愛博士（Dr. Strangelove）[譯注1]會終結地球上所有已知生命。

譯注1：《奇愛博士》（*Dr. Strangelove or: How I Learned to Stop Worrying and Love the Bomb*）是一九六四年的黑色幽默電影，由史丹利·庫柏力克（Stanley Kubrick）執導。主角奇愛博士是用來諷刺納粹德國著名的火箭設計師華納·馮·布朗（Wernher von Braun）。

第五章
殺戮演繹

我曾經跟大規模殺戮者、軍閥以及處決小隊隊長相處過。其中有些人已經是心理變態，他們對虐待、折磨以及屠殺等行為樂此不疲。但是其他人，也許是多數人，則是將殺戮視為任務或專業，認為殺戮有利於他們的職涯與地位。他們喜歡扮演上帝。他們沉醉於極度陽剛的武力世界，而在這個世界，搶劫、偷竊與強姦是福利津貼。他們對於改進謀殺技術自鳴得意，宰殺一個又一個生命，對自己釀成的恐怖與殘酷幾乎已是麻木不仁。不殺人的時候，他們有時會展露迷人的魅力和親切感。有些人是親切的父親，對妻子或情婦充滿關懷與愛意；有些人對寵物疼愛有加。

最讓我不舒服的，並不是大規模殺人犯那種被妖魔化、易於理解的誇大形象。最讓我不安的是人類。

約書亞・奧本海默（Joshua Oppenheimer）花了八年時間拍攝紀錄片《殺戮演繹》（*The Act of Killing*），探討大規模殺人犯的複雜心理。這部片跟基塔・瑟倫利（Gitta Sereny）的書《進入黑暗》（*Into That Darkness: An Examination of Conscience*）一樣深刻。在那本書中，瑟倫利與特雷布林卡（Treblinka）納粹滅絕營的指揮官法蘭茲・施坦格爾（Franz Stangl）進行深度訪談。奧本海默也在片中提供懺悔自白的空間，讓印尼幾位最無情的殺人犯表露心聲。其中一位殺人犯大概屠殺了一千人，他的名字是安瓦．剛果（Anwar Congo），他是印尼北蘇門答臘省（North Sumatra）首都棉蘭（Medan）的處決小隊隊長。

紀錄片也請殺人犯重現屠殺的情況與經過。

印尼軍方在美國支持下，在一九六五年發起一場為期一年的運動，表面上是為了消滅該國的共產主義領導人、政府官員、黨員及同情者。到最後，這場大屠殺消滅了工會運動以及知識份子和藝術階層、反對黨、大學生領袖、新聞工作者、華裔人士，以及許多碰巧在錯的時間出現在錯的地點的人，而多數殺戮行動是由流氓處決小隊和準軍事幫派組織所執行。根據統計數字，有超過一百萬人被屠殺。許多屍體被扔進河裡、胡亂掩埋，或被棄置路邊。

在印尼，這場大屠殺運動仍被包裝成神話，彷彿是一場對抗邪惡與野蠻力量的史詩戰爭，如同美國流行文化數十年來美化我們對美國原住民的種族滅絕行動，把我們的殺手、槍手、逃犯和舊西部的殺人騎兵團捧為英雄。今天，曾在印尼反共產主義戰爭中殺人的凶手，都會在大規模政治集會上受到歡呼，原因是他們拯救了這個國家。他們在電視上接受採訪，講述五十年前的「英雄」戰役。一九六五年，有三百萬人的潘查希拉青年團（Pancasila Youth）加入種族滅絕的騷亂屠殺行動，現在其成員跟處決小隊隊長一樣被譽為國家支柱，但這個青年團實際上等同於納粹德國的衝鋒隊隊員（Brown Shirts）或希特勒青年團（Hitler Youth）。這就好像納粹在二次世界大戰中取得勝利一樣，彷彿施坦格爾沒有被定罪為戰犯、死在杜塞道夫（Duesseldorf）的羈押監獄裡，而是如同亨利．季辛吉（Henry Kissinger）一樣，成為受人敬重的老政治家。

奧本海默的電影裡有個場景：剛果接受「特別對話」（Special Dialogue）這個遍及全印尼的國有電視台節目採訪，螢幕中的他散發出歌星般的氣場，勃發的虛榮心以及對精美服裝的愛好和講究顯露無遺。

「我們必須把他們殺了。」剛果對女主持人說。他戴著一頂黑色牛仔帽，上頭綴有一顆金色的警長之星。

「那你們的殺人方式，是受到黑幫電影啟發嗎？」她問。

「有時候！」剛果說：「那就像……」

「了不起！」她說：「他的靈感是來自電影！」

現場觀眾大多是由潘查希拉青年團成員組成，他們穿著顯眼的橘色與黑色襯衫，在觀眾區鼓掌。節目一開始，該準軍事組織的領導人易卜拉欣．辛尼克（Ibrahim Sinik）稱讚潘查希拉青年團是「滅絕的核心」。

「每個派系都有自己的做法，」剛果說：「比方說在黑手黨電影中，他們把人勒死在車裡，然後棄屍。所以我們也照辦。」

「這代表安瓦跟他的同伴開發出一套新的系統，能更有效消滅共產黨員。」女主持人熱情洋溢地說：「這套系統更人道、沒那麼殘酷，也不需要過度動武。」

「年輕人必須謹記歷史，」潘查希拉青年團領袖阿里．烏斯曼（Ali Usman）插話說：「未來不能把過去給忘了。更重要的是，上帝必定站在共產主義者的對立面。」

「沒錯，」節目主持人說：「上帝憎恨共產黨人！」

現場掌聲更熱烈。

奧本海默在紀錄片中運用最怪異但又最狡黠的心理手段，說服這群殺手重演他們執行的一些大規模殺戮行動。他們穿上服裝，幻想自己是個人傳記電影的主角。在模擬折磨與殺戮的著裝場景中，他們在腦中替自己幻想出來的好萊塢黑幫電影形象，與他們犯下的骯髒、野蠻與駭人聽聞的罪行根本相差十萬八千里。紀錄片中，有一幕是名叫赫曼．柯托（Herman Koto）的老殺手打扮得像變裝皇后迪凡（Divine），他跟其他殺人凶手都滿意地稱自己為幫派份子。在這些時刻，奧本海默成功捕捉玩笑嬉鬧、黑色幽默的氛圍，以及在殺手之間建立連結的戰友情誼。紀錄片尾聲，殺手上演一齣戲碼：他們扮演死在自己手下的受害者，一起將一塊獎章掛在剛果的脖子上，而剛果身穿黑色長袍站在瀑布前。扮演受害者的殺手感謝剛果拯救這個國家，感謝他「殺了我、送我上天堂」。這個奇異幻想場景的配樂是由剛果指定，是電影《生來自由》（*Born Free*）的主題曲。這些相同的人類連結，以及相同的思覺失調式自我幻想，可以在《不，叔叔》（*Nein, Onkel: Snapshots from Another Front 1938–1945*）書中下班的納粹士兵照片中瞥見，或是能從奧斯威辛集中營（Auschwitz）中下班的黨衛軍警衛的照片中看出。奧斯威辛集中營照片集中的一張影像顯示，包含指揮官魯道夫．霍斯（Rudolf Hoess）和對兒童進行虐待醫學實驗的約瑟夫．門格勒（Joseph Mengele）博士在內的黨衛軍領導階層，在索拉赫特（Solahütte）的一座木橋上，與手風琴演奏者一起開心喧鬧地哼歌合唱。索拉赫特位於奧斯威辛集中營以南約二十英里的索拉河岸（Sola River），是黨衛軍的度假勝地。就在距離該地不遠的地方，有許多母親與兒童正死於毒氣，而在奧斯威辛集中營裡被殺害的總人數高達一百萬人。奧本海默就敏銳捕捉這種令人不安的道德分裂現象，這種既能發動大規模屠殺，又能將自己視為一個正常、有愛心的人的能力。這種工作與生活之間的切割，是許多美軍、今日的化石燃料與健康保險產業，或是高盛（Goldman Sachs）等華爾街公司的人員也必須付諸執行的，而這種切割讓那些剝削、摧毀或殺害其他人類的人，能夠抹去自己日常存在的絕大部分。

「每個出現在我眼前的中國人我都殺，」剛果回想自己坐車巡視棉蘭華人區的景象，「我把他們都刺死！我不記得有多少人，但有幾十位中國人。假如我碰到中國人，就拿刀把他們刺死。一路殺到亞洲街（Asia Street），我在那裡碰到女友的爸爸。記住，我有雙重動機：掃蕩中國人和掃蕩我女朋友的父親，所以我拿刀刺他！因為他也是中國人！他掉進一道溝中，我拿磚頭砸他，他沉下去了。」

「殺人是最糟糕的罪行，」剛果的一位前任夥伴說：「所以，你必須找到一種不會感到內疚的辦法。關鍵就是找到最合適的藉口。比方說，如果有人要求我殺人，如果報酬是合理的，那我當然會去做。從某個角度來看，這並沒有錯。這就是我們必須說服自己相信的角度。畢竟，道德永遠是相對的。」

剛果耐心地向奧本海默解釋自己用一塊木頭、一根桿子和鐵絲來絞殺受害者的手法，目的是避免死者大量出血、場面混亂。

「這裡可能有很多鬼魂，因為很多人在這裡被殺。」來到一個他以前殺人的地點，站在屋頂上，他對奧本海默說：「他們的死是非自然死亡，非自然死亡。他們來到這裡的時候活蹦亂跳。抵達後會被毆打……」

剛果蹲下身子，將手擺放在自己的灰白鬈髮上，模仿受害者死前的模樣。

「……然後死掉，」他接著說：「屍體被拖來拖去，隨便丟棄。早期，我們把他們打到死，但這樣血會到處亂噴。聞起來很噁心。為了避免血到處亂噴，我就用這個方法。」

他拿著一塊木頭，大約兩英尺長，還有一根長鐵絲。

「我可以示範一下嗎？」他問。

他將鐵絲的一端纏繞在一根固定好的桿子上來固定鐵絲。一名友人的雙手擺在背後，坐在桿子附近的地板上。剛果將鐵絲繞在這位朋友的喉嚨上，而他站在幾英尺遠的地方，輕輕拉動連接在鐵絲另一端的木頭，重現受害者被殺害的過程。

「我會聽一些好聽的音樂來忘記這一切，」剛果展示完絞刑手法之後說：「跳舞。我可以很開心。一點酒精，一點大麻，還有一點，那叫什麼？啊，搖頭丸。只要一喝醉，我就會『飛』起來，感覺很快樂。恰恰。」

穿著白褲白鞋的他在屋頂上跳起舞來。

「他是個快樂的男子。」他朋友說。

「我們把木頭塞進他們的肛門，直到他們死掉為止。」處決小隊隊長阿迪・祖爾卡德利（Adi Zulkadry）後來在影片中這樣說，當時他正與妻子和女兒在首都雅加達的一家商場購物，「我們用木塊壓碎他們的脖子。我們把他們吊死。用鐵絲勒死他們。我們把他們的頭砍下來。我們用汽車碾壓他們。我們可以這麼做，我們謀殺了這些人卻沒有受到懲罰，證明我們可以這麼做。被我們殺掉的人，就也只能這樣。他們必須接受。或許我只是想讓自己感覺好一點，但這確實有用。我從來就不覺得內疚或憂鬱，也沒有做過惡夢。」

在一個場景中，一位電影工作人員說他家人是恐怖的受害者，他緊張的笑聲吐露內心真實情緒。

「如果你想聽真實的故事，我就有一個。」該工作人員自告奮勇表示。

「說給我們聽，」剛果回答：「這部片裡的一切都應該是真實的。」

「好，有一位雜貨店老闆，」那人遲疑地開口，「他是這個地區唯一的中國人。其實，他是我繼父。雖然是繼父，但我從還是個小嬰兒的時候就跟他住一起。凌晨三點，有人敲我家的門。他們喊著我爸的名字。我媽說：『很危險！不要出去。』但他還是出去了。我們聽到他喊：『救命！』然後，一片寂靜。他們把他帶走。我們一整夜都睡不著。」

「你當時幾歲？」有人問。

「十一或十二，」他回答：「我記得很清楚。而且這種事是不可能會忘的。我們在一個油桶下面發現他的屍體。油桶被切成兩半，屍體就在底下，像這樣。」他一邊描述，一邊把一張紙對摺起來說明繼父的死狀。「他的頭跟腳都被麻袋蓋住，但有一隻腳像這樣伸出來。」那位工作人員將一隻腳抬離地面。「所以，同一天早上，沒有人敢來幫我們。」他說。

「我們把他埋在大馬路邊，像山羊一樣。」他強顏歡笑著，好像埋葬屍體的故事應該要很有娛樂效果那樣。「就我跟我祖父，我們拖著屍體、挖墳墓。沒人幫我們。我當時年紀太輕。然後，所有共產黨員家庭都被流亡放逐。我們被丟棄在叢林邊緣的一個貧民窟。坦白說，這就是為什麼我沒上過學的原因。我必須自學閱讀跟寫作。」

「我為什麼要瞞著你們呢？」他對前處決小隊隊長說，而他們都帶著詭異的笑容聆聽，「這樣我們就能更了解彼此，不是嗎？我保證我不是要搞破壞、妨礙我們拍這部片。這不是批評，只是想提供更多素材。我保證，我不是在批評你們。」

剛果跟其他殺手覺得他的故事不適合這部電影，正如赫曼・柯托對劇組人員所說：「一切早就都規畫定案了。」

「我們不能把每個故事都放進去，不然電影會沒完沒了。」另一位曾隸屬處決小隊的人表示。

「而且你的故事太複雜，」剛果補充，「需要花幾天的時間來拍。」

紀錄片中的殺手不再行使那種伴隨無差別恐怖而來的權力，不過他們還是會定期在當地市場徘徊、向店主勒索錢財，而這些行徑都被奧本海默拍下來。

然而，當他們重現謀殺場景時，他們對某個時期的回憶會重新復甦。在那段時期，他們不是卑微的戰犯，而是有資格以反共產主義戰爭之名對他們選定的任何人做任何事。

「如果她們長得漂亮，我會把每個都抓來強姦，當時我們就是律法。」其中一位殺手回憶道：「幹死她們！把我看到的每個人都幹死。」

「特別是你碰上才十四歲的少女，」他補充表示，同時跟其他處決小隊的前任隊員模仿當時調戲一名少女、把刀架在她喉嚨上的模樣。「那真是太爽了！我只能說，這對你來說是地獄，但對我來說是人間天堂。」

有些時候，通常是在犯罪多年後，就連最凶殘的殺手也會有短暫的自我認同靈光閃現，但他們通常不會反思或檢視這些真相的揭示。不過，他們往往會被謀殺的特定時刻所困擾。奧本海默在紀錄片尾聲安排一個重現的場景：場景開始時，剛果平靜地描述他在那個地方犯下的謀殺行為，最後以反胃和嘔吐作結。

「我記得我叫那個人從車裡出來，」剛果描述那次殺人的過程，「他問：『你要帶我去哪裡？』然後他停了下來、拒絕往前，我用力踢他肚子。我看到羅希曼拿了一把大砍刀。我不由自主地走過去把他的頭砍下來。我的朋友不想看。他們跑回車上。然後我聽到這個聲音。他的身體倒在地上，眼睛還……」

他的聲音越來越飄渺。

「在回家的路上，」他最後說：「我一直在想，為什麼沒把他的眼睛闔起來？這就是我所有惡夢的源頭。那雙沒有閉上的眼睛一直盯著我看。」

第六章

士兵的故事

士兵的故事和戰爭一樣古老。故事經過口傳描述，接著就被遺忘。世界上總是有一些追逐榮譽的年輕男女，被施加暴力的力量所迷惑，天真到為了死亡的商人犧牲性命。每場戰爭，一代接一代，士兵的故事永恆不變。

史賓賽．拉伯恩（Spenser Rapone）於二〇一〇年入伍。他在喬治亞州的班寧堡（Fort Benning）接受基礎培訓。二〇一一年二月，他從空降部隊學校畢業，成為美國陸軍遊騎兵。他看著身旁的人一頭熱地沉迷於手中的武器。

我透過電話跟人在紐約沃特敦（Watertown）的他聯絡，他說：「一把步槍，能讓身為步兵的意義更具體化。軍校教育告訴我們，步槍是我們的延伸，是我們的生命。你時時刻刻都要把步槍帶在身邊。在近身戰鬥中，步槍能讓我們成為致力於消滅敵人的勇士。一開始，這個想法讓人激動欣喜。我們是一群十八、九歲的孩子，手中掌握了這種死亡的工具。我們有權力。我們能做到其餘百分之九十九的美國同胞所不能做的事。武器改變了你。你想證明自己。你想接受戰鬥的考驗。你想要帶來死亡。這吸引著你，就像軍隊裡的生活將你吞沒那般。你開始執行戰術演習和戰鬥演練。你體驗到某種高潮，讓人心醉神迷。軍隊讓你失去所有同情心，讓你變得冷酷無情。」

他對發生在他身旁和他身上的事感到不安。

「參加遊騎兵評量甄試（RASP; the Ranger Assessment and Selection Program）時，他們會說你不僅要了解遊騎兵的文化和歷史，還要完成『天上的空降遊騎兵』（Airborne Ranger in the Sky）這項任務。」他說：「他們會請你上網，仔細研究那些在行動中犧牲的遊騎兵。你必須了解這個人，並且印出一份他們的訃告。這真的很讓人不安，整段過程都是。有一位代表幹部的班長，他說了一些話，意思大概是：『我稍微提醒你們，不要選派特．提爾曼（Pat Tillman）的資料。』」

拉伯恩開始閱讀關於派特．提爾曼的資料，提爾曼在加入遊騎兵隊之前是一位職業橄欖球球員，二〇〇四年在阿富汗被友軍擊斃。這項事實被高級軍事官員掩蓋，包含當時擔任美國駐阿富汗司令的斯坦利．麥克里斯特爾（Stanley A. McChrystal）上將。軍方用好萊塢版本的虛構故事來取代，聲稱他是在與敵人作戰時死亡。拉伯恩觀看二〇一〇年的紀錄片，《橄欖球星之死》（*The Tillman Story*），後來又讀了二〇〇六年的文章〈派特生日過後〉（After Pat's Birthday），這篇文章是派特的弟弟凱文所寫，他和派特曾一起在遊騎兵隊服役。曾與諾姆．杭士基有過接觸的派特．提爾曼，當時已開始批評戰爭。美軍除了針對派特之死向提爾曼一家撒謊，甚至並未歸還派特的日記與文件，而且很有可能已經將其銷毀。

「派特・提爾曼讓我知道我是可以抵制這種思想灌輸的。」他說：「我沒有必要讓軍隊把我非人化，把我變成某種怪物。當我發現軍方是如何掩蓋他死亡的事實來推銷戰爭時，我內心非常震撼。軍隊完全不想要維護自由或民主，只是想保護當權者的利益和擴大美國霸權。我並不是好萊塢的自由鬥士，而是帝國主義機器上的一個齒輪。我掠奪了世界上最貧窮、最受剝削的人。」

「我們被告知要『射擊、移動和溝通』。」聊起遊騎兵訓練時，他說：「這變成我們生活的全部。我們不需要了解原因或更大的效應，那些事跟我們無關。」

到了二〇一一年七月，他在阿富汗的霍斯特省（Khost）。他當時十九歲，是一位機槍手助理，負責操作一種叫作MK-48、重達十八磅的武器。這款武器安裝在三腳架上，射速為每分鐘五百至六百二十五發子彈。他帶著備用槍管與彈藥，將子彈裝入槍中。他的遊騎兵夥伴在夜裡清空民宅時，他負責設立阻擊位置。他看著遊騎兵將驚恐的男人、女人和兒童分開，「把他們當成動物來對待」。遊騎兵將阿富汗人視為次等人類，將他們斥為「哈吉」（Hadji）和「破布裹頭仔」。

「很多人會說：『我每天晚上都想出去殺人。』」他告訴我，「遊騎兵就是超級陽剛、厭女、種族歧視跟憎恨其他文化的總和化身。」

他的排士官長在手臂上刺了雷神之錘的圖案，這是白人至上主義者圈圈中流行的符號。士官長對新進的遊騎兵說，如果他們看到讓他們不開心的事情，而且想要說出來，那他們「他媽的來錯地方了」。

拉伯恩離開遊騎兵隊，在二〇一二年進入西點軍校。也許，身為一位軍官的他能帶來新氣象，替他的殺手隊伍注入一點人性。但他還是有些疑慮。

「我從二〇一二年七月開始在西點軍校就讀時，碰到很多我在遊騎兵團中注意到的類似情形。」他說：「軍官和士官都樂於接受能在不受懲罰之下殺人的想法。這是魯德亞德．吉卜林（Rudyard Kipling），這是我們幾百年來所見的年輕英國士兵的心態。這種超級陽剛的心態。就連女軍校生也得讓自己同化。只要展現出些許陰柔特質，就會被視為弱點。這也跟結構性種族歧視相互結合。在西點軍校，羅伯．李（Robert E. Lee）依然被當成偉人。校園中有一座以他為名的營房。圖書館裡有一幅他穿著南方邦聯軍服的肖像，肖像的右下角背景中有一名奴隸。」

看著黑人學員因為違紀而被退學，但做出同樣違規行為的白人學員卻沒被踢出校園，拉伯恩越來越憤怒。

他主修歷史，但他閱讀許多不在課程安排內的素材，比方說霍華德．津恩

（Howard Zinn）與史坦・格夫（Stan Goff）的著作。史坦・格夫是前特種部隊的士官長，曾在越南、海地、巴拿馬、哥倫比亞和索馬利亞服役，著有《醜陋美夢》（*Hideous Dream: A Soldier's Memoir of the U.S. Invasion of Haiti*）。

「我意識到我們只是那些擁有財富和地位者的肌肉，」拉伯恩表示，「我還發現自己原來支持社會主義，這實在太讓人震驚了。」

直言不諱發出批判聲音的他受到訓斥。

「我在西點軍校讀大四的時候差點被退學。」他說：「那個時候，我是一位社會主義者。研究政治經濟學、批判理論之後，你對事情的分析以及言談行為會受到影響。一開始這只是一種學術立場，但我認為這絕對不只如此。一定要有某些行動來支持我的理論。」

大家笑他是「共產主義軍校生」。他找出軍校中被歧視的人，包括有色人種、婦女和穆斯林。雖然不是穆斯林，但他加入穆斯林軍校生協會（Muslim Cadet Association）。

「我想幫穆斯林學員找到一個平台。」他說：「我想讓他們知道，他們沒有被遺忘。在西點軍校，了解或欣賞伊斯蘭教的人不多，也很少有人知道美國是如何將伊斯蘭國家撕成碎片的。」

他幫忙發起一項倡議，讓軍校裡的穆斯林能有一個適當的祈禱空間，而這也導致他與校內高級行政官員產生激烈爭論。

一位教授挑明對他說：「三、四年來，我一直在觀察你，你覺得自己可以為所欲為。」

「是的，長官。」拉伯恩說。這個回答使他因為與官員頂嘴被記過。

教授檢查他的社群媒體帳戶，發現拉伯恩轉貼社會主義出版物的文章，並且批評美國的敘利亞難民政策。這位老師將拉伯恩的檔案發給美國陸軍刑事調查司令部（Criminal Investigation Division）和G2，也就是軍事情報部門。拉伯恩接受資深官員的審訊。官方指派了長達一百小時的「懲罰之旅」給他，他每週必須穿著全套制服在西點軍校的中央廣場來回走動，直到完成規定時數為止。

他說：「這好像喜劇團體蒙提派森（Monty Python）的橋段。」

他被剝奪了六十天的基本人權，春假也被取消。為了「償還」他的懲罰債，他被迫在整個春假期間從事一些園藝和打雜的瑣碎工作。他還得訓練那些沒有通過規定活動考核的學員。

「西點軍校堅稱校內沒有學員相互欺凌的行為。」他說：「至少沒有五〇或六〇年代的那種欺凌。但那還是一種欺負。剛進西點軍校的時候，你會被當成地位最低的下級生。每天晚上要幫學長姊倒垃圾。以下級生的身分出現在公共場合時，你不能說話，還得把手握成球狀，以立正的姿勢行走。如果你被抓到和同學交談，那就麻煩大了。最噁心的是，從最低年級往上升的學員，會把自己最鄙視的那種泯滅人性的行為強加到新進學員身上。」

他也曾在遊騎兵隊受過欺凌。新進遊騎兵被迫要互相毆打、做無數個伏地挺身，或者是被綁起來、讓其他人反覆拍打肚子。

「欺凌會淘汰掉那些無法接受的人。」他說：「為了抵抗完全同化，很多人創造出一種諷刺的疏離。但這種諷刺的疏離其實只是另一種形式的同化。這種氛圍的影響非常深遠。我在海外的時候，有一位算是領導層級的軍官試圖自殺。我在西點軍校就讀的時候有學員自殺，還有其他自殺未遂的案例。我在軍隊待了八年，自殺是非常可觸可感的現實。很多自殺事件是欺凌和軍事文化結合的結果，而軍事文化從某種角度來看就是一種欺凌。教育班長不能像以前那樣把你揍得屁滾尿流，但軍隊仍然有辦法在情緒上折磨人。」

西點軍校畢業後，他被送回班寧堡，六年前他曾在那裡當過新兵。

「每隔一個星期五就會有一班基礎訓練班畢業。」他說：「我看著那群剪了寸頭的青少年，他們幾乎才剛脫離青春期，就馬上要被送進絞肉機。這實在讓人不安。我被訓練來帶領這群新兵，告訴他們，我們正在執行的任務是符合公平正義、是正確的。但我沒辦法昧著良心這麼做。我一直在找機會。我在尋找離開或發聲的管道。科林・卡佩尼克（Colin Kaepernick）帶起整個國歌事件的爭議之後，他就擔起各種風險，與整個結構性種族歧視抗爭，我想自己至少可以盡一己之力。」

他貼出一張自己身穿軍服的照片，標籤是#VeteransForKaepernick（後備軍人挺卡佩尼克）。

「從那時起，事情就像滾雪球一樣越滾越大。」他說：「對我來說，科林・卡佩尼克跟派特・提爾曼一樣，他也願意賭上自己的生涯和地位，來向權力說真話。」

公開表達對卡佩尼克的支持，還有他在社群媒體上發的照片，讓有關當局對他展開調查。那張作為導火線的照片，是他在二〇一六年參加西點軍校畢業典禮時所拍，當時他在制服底下穿了一件切・格瓦拉（Che Guevara）的上衣，並且在展示帽子內側的「共產主義必勝」字樣時舉起拳頭。最後他因為「不符軍官身分之行為」而得到

「非榮譽」退伍的處置。

「美國的愛國主義已經達到宗教信仰的等級。」他說：「軍事人員永遠是對的。我們有像前國防部長詹姆士．馬提斯（James Mattis）那樣的人，他簡直是真正的戰爭罪犯。他在伊拉克的一場婚禮上投下炸彈、負責監督許多發生在伊拉克的不同屠殺行動。還有前陸軍中將和前國安顧問麥馬斯特（H.R. McMaster）。這些人不可能會做錯事，因為他們曾在軍中服役。這種對軍隊的推崇，正讓社會大眾慢慢接受軍事統治和某種形式的法西斯主義或原法西斯主義。這就是為什麼我更覺得自己必須離開。」

「公眾不了解軍事文化有多落後、多麼有害。」拉伯恩繼續說：「軍隊的固有功能是虐待和貶低他人。軍隊被設計成一種破壞工具，這是這套系統的根本。沒有破壞，軍隊就會崩解。即便用人道主義的方式來使用軍隊，比方派軍在卡翠納颶風期間到紐奧良救災，也無法將軍隊轉化為人道主義的力量。在軍隊訓練之下，士兵將其他人類視為迫在眉睫的威脅，尤其是棕色和黑色膚色的人種。」

「當然，軍隊總是自豪地說自己無關政治，但這根本是個矛盾的說法。軍隊是國家的政治力量。沒有什麼事情會比一個認為自己沒有政治功能的士兵更危險。」

「我想懇求其他士兵和軍事人員，除了知道如何發射武器，身為士兵的我們還有更多事可做。」拉伯恩說：「你可以把所學運用在社會上，實際幫助大眾。在西點軍校，校方說他們教育大家成為一個有個人特質的領導者。他們跟你談道德操守。但我們在軍隊裡看見什麼？我們只看見盲目服從。對地球上最貧困的人施加暴力，這種行為究竟哪裡符合道德？」

民族主義者並不尊敬退役軍人，他們推崇的是那些遵循通過核可的愛國主義腳本的退役軍人。**美國是世上最偉大、最強大的國家。我們對抗的是墮落的野蠻人。我們的敵人罪該萬死。上帝站在我們這邊。勝利是無庸置疑的。我們的士兵和海軍陸戰隊是英雄**。如果偏離這套說法，不管你服過多少次兵役，都是卑鄙可恥的存在。右翼吹噓的愛國主義坦白說是自我崇拜，這是一種對暴力的原始欲望，也是對國家的盲目順從。這套愛國主義致力於審查戰爭的現實。

曾在陸軍第二遊騎兵營服役、於二〇〇二年與〇四年被部署在阿富汗的魁梧老兵羅里．范寧（Rory Fanning），在芝加哥總統競選活動的川普大會上現身。出現時，他只穿著上半身的作戰服。穿越人群時，數十名川普支持者喊著「兄弟，歡迎回家」、「感謝你的服務」，以此向他致意。接著就發生了導致那場大會封鎖關閉的抗議活動，示威者之一的范寧拿出一面旗幟，上頭寫「退役軍人反對種族主義、戰爭與帝國」。

「馬上就有人朝我扔飲料。」他對我說：「我被人從後面巴了三、四次頭。這是很劇烈的轉折，對我的態度一百八十度轉變。質疑敘事，質疑川普的敘事，我在他們心中的好感度立刻跌到底。」

「很多從戰場回來的士兵都不覺得自己是英雄。」范寧表示，「隨隨便便把這個字掛在嘴邊，這是很危險的。這是操縱士兵的一種方式，能換來士兵的沉默。」

「士兵從戰場回來之後，並不被鼓勵談論戰爭的現實情況。」他說：「他們被貼上英雄或戰士的標籤。這是個大問題，會導致進一步的孤立，即社會大眾與士兵的隔絕。退役軍人的自殺率是個社會問題，每天有二十二人自殺。這是因為我們不被允許談論自己在海外看到的東西，沒辦法訴說戰場上的情況有多不公不義、我們覺得自己多麼像是霸凌者。自九一一以來，有多少無辜的人被殺害？丟出『英雄』這樣的字眼，對退役軍人以及自那時起被殺害的所有無辜者的經歷來說，簡直是一種傷害與虐待。」

近距離觀察，戰爭是墮落與殘酷的。

「跟著陸軍第二遊騎兵營進入阿富汗時，我不曉得塔利班在經歷空軍和特種部隊最初的攻勢之後，基本上早就投降了。」范寧談到他在二〇〇一年底展開的第一次出兵任務時說：「我們的工作基本上是要將塔利班引回戰鬥中。九一一之後，對政治人物而言，投降還不夠。我們要的是血，我們要的是人頭數。死的是誰並不重要。所以我們走到那些曾經被佔領的、曾在那之前參與內戰的人面前，手上有大把金錢可以花。我們對他們說：『喂，如果你指認一位塔利班成員，我們就會給你這些錢。』阿富汗人會說：『當然，沒問題。那邊就有一個。』所以我們走到隔壁。我們走進鄰居的前院，在每位軍人年齡的人頭上套個袋子，不管他們是不是塔利班成員都不重要，然後拿錢給指認這個人的人。之後，指認者也會得到那位鄰居的財產。在阿富汗這樣一個充滿絕望與貧窮的國家，為了圖溫飽，你什麼都願意做。基本上這就是我們在做的事。但我們也把那些跟戰鬥完全沒有利害關係的人捲入戰爭。我們在製造敵人。」

「我在九一一之後報名從軍，以防下一次九一一發生。」他接著說：「但在抵達阿富汗不久後，我就發現自己只是在為更多的恐怖攻擊製造條件。這種滋味真的很不好受。我們根本是在欺負人。」

美國佔領軍過度使用武力，不僅造成大量平民死亡，更成為叛亂份子招募成員的有力理由。

著有《為之奮戰》（*Worth Fighting For: An Army Ranger's Journey Out of the Military and Across America*）的范寧表示：「有枚飛彈落在我們營地。我們不確定飛彈是從哪裡來的，只知道大概是從哪個方向飛過來。我們會搬出一顆五百磅的炸彈，讓炸彈降落在某個村莊。」

阿富汗人遭逢的恐怖，很快就整套在伊拉克人身上重演。

麥克．漢斯（Michael Hanes）從一九九四年到二〇〇四年在海軍陸戰隊服役。二〇〇三年在伊拉克，他隸屬於最高級的偵察部隊，相當於海豹突擊隊的海軍陸戰隊，也就是美國海軍陸戰隊第一師（1st Marine Division）的第一武裝偵察連（1st Force Reconnaissance Company）。他參與多次突擊行動。

「我參加伊拉克入侵行動。」漢斯表示：「我們推進到巴格達，開始將民宅的門踹開、在門上放炸藥，衝進平民住家恐嚇裡頭的民眾，這時事情對我來說變得非常真實。」

「我們得到的情報可能有百分之五十或以上是完全錯誤的。」他繼續說：「突破大門，走進平民家庭，裡頭有年老的婦女、年紀很輕的小女孩，大概只有三、四歲，他們不停尖叫、整個人嚇傻了，驚嚇到當場失禁。他們嚇到尿褲子。你把老奶奶抓起來壓在牆上審問。這是非常直接的衝擊，很沉痛的衝擊。我開始問自己，我他媽到底在幹嘛？如果在被搜查的民宅中，你剛好是一位年輕人，二十歲出頭，或是在任何可以攜帶武器的年齡範圍，那麼光因為你是一名年輕男子，有可能是叛亂份子、效忠於薩達姆突擊隊（Fedayeen Saddam），或者無論情況如何，你都會被帶出家門審訊。誰知道那些年輕人經歷了什麼……我知道海軍陸戰隊徹夜審問他們。誰曉得他們能否回到家人身邊。」

「無人機攻擊的時候會有一個射程，一個最大範圍的射程，有那麼多市井小民被殺。」漢斯透露，「這根本是催生恐怖份子的工廠。如果你因此失去自己的孩子、母親，或任何家庭成員……我們必須想到這點。設身處地思考他們的處境。如果我失去孩子，我會感到無比絕望。你會怎麼做？這樣去想，就能理解為什麼有人會在自己身上綁炸彈、把自己炸死。」

伴隨肉體殘酷與暴力的，還有昭然若揭的種族歧視。

「我們不會把在阿富汗的人稱為阿富汗人，我們叫他們哈吉。」范寧說：「這個詞其實是對去麥加朝聖的人的尊稱，但我們以貶義的方式用這個詞。」

漢斯補充道：「沙地黑鬼、哈吉、野蠻人、恐怖份子，大家把這些詞掛在嘴邊，好像那裡的人是次等人類一樣。」

國家以及整個廣大社會的謊言變得再明顯不過。

一位在體制內挺身而出，譴責美化暴力與戰爭的超級陽剛思維、揭露軍隊的偽善行為，並且拒絕為帝國權力服務而殺人的士兵或海軍陸戰隊，揭露軍隊的真面目。而他或她，正如雀兒喜・曼寧（Chelsea Manning）所經歷的那樣，很快就得付出非常、非常沉重的代價。

專業軍士羅伯・魏巴克（Robert Weilbacher）是駐紮南韓的新陸軍戰鬥軍醫，他傾聽沙場老兵講述的故事，其中有許多人受創傷和憂鬱之苦。那些老兵講述的故事，都是關於他們在伊拉克和阿富汗期間，對平民百姓的無差別例行殺戮行為。他嚇壞了。他相信自己多年來接收的政治宣傳內容。他認為自己是一位愛國者，也接受美軍代表正義力量的觀念，相信美軍是為了解放伊拉克人和阿富汗人、打擊恐怖份子而進行干預。但在聽到老兵的故事之後，他的世界觀崩解。他開始提出自己以前沒想過的問題。他開始思考。而在任何軍事機構中，思考都是一種反動行為。沒過多久，他下定決心不想隸屬於一個經常扼殺手無寸鐵的老百姓和兒童的組織。他在二〇一四年二月申請成為所謂的「良心拒服兵役者」（Conscientious objector, 1-0）。

在他待的部隊，他馬上變成異類。沒有人願意跟他扯上關係。大家都嘲笑他是「叛徒」、「懦夫」、「娘炮」跟「嬉皮」。他被分配去做基地中最羞辱人的工作。軍隊的官僚制度開始為他設下各種艱難無謂的阻礙，兩年後他仍在嘗試各種辦法協商談判。

「我覺得我的政府好像在折磨我。」我透過電話聯絡到位於肯塔基州坎貝爾堡（Fort Campbell）的他，他這麼說。

二十七歲的魏巴克來自俄亥俄州的哥倫布市（Columbus），是由一位單親媽媽拉拔長大，生活環境貧困。在俄亥俄州立大學主修政治學和英文的他成立了兩個組織，致力於提供無家者食物。他是理想主義者，想替人類服務。而在他身處的扭曲美國文化中，替人類服務最好的辦法是從軍。他認為軍隊是建立在「崇高理想」上的組織。

「在一般大眾的看法中，包括在擁有大型大學儲備軍官訓練團（ROTC）計畫的俄亥俄州當地，士兵就是英雄。」他說：「他們為自己的國家服務，他們隸屬世上最棒的軍隊。我當時沒有質疑這點。我看了募兵廣告，裡頭的海軍陸戰隊畫面還搭配激昂的背景音樂：『身為少數菁英、驕傲光榮的海軍陸戰隊。』海軍陸戰隊看起來最有男子氣概。我認為自己有資格成為一名海軍陸戰隊軍官。」

「在流行文化傳遞的訊息中，暴力是解決衝突的手段。這在我成長的市中心尤其如此，那裡相當缺乏教育。電動遊戲，比方說「決勝時刻」（Call of Duty），都將暴力正常化。你不會意識到這些影響，道德良知整個顛倒過來了。在「決勝時刻」中，殺人能得到獎勵，系統排名也會往上升。那個概念是，假如你喜歡「決勝時刻」，就會喜歡軍隊。而且，當然啦，軍隊也鼓勵殺人。如果你在射擊方面表現很好，就能獲得三日通行證作為獎勵。你只會想著成為射擊高手之後能得到的積分，不會去思考那種奪人性命的行為。流行文化的每個面向都鼓勵暴力，從電視節目到《美國狙擊手》（*American Sniper*）那樣的電影都是。殺人變成高尚的行為。殺人者應該是英雄。這種心態讓我們有從軍的意願。」

大學畢業後，他報名參加海軍陸戰隊預備軍官學校（Marine Officer Candidates School），並被送到維吉尼亞州匡堤科（Quantico）參加新兵訓練。

「列隊行進時，我們會跟著節奏喊口號。」他說：「大多數口號都跟殺人有關。我們會喊『殺！殺！殺！』我們會喊『是什麼讓綠草生長？血！血！血！』我們喊著『AT&T，開槍射擊。』編注1 預備軍官學校的用意是讓暴力正常化，讓我們適應這

編注1：為AT&T（美國電話與電報公司）於八〇年代提出的廣告詞。

個環境。這很有效。一樣，我當時也沒去思考自己在做什麼。我滿腦子想的都是要變成一位海軍陸戰隊軍官。」

但是在二〇一二年初，在訓練的第四週，他因為受傷被迫退學。他大受打擊。他不想重新跑一次申請加入海軍陸戰隊的流程，所以在二〇一三年四月入伍。他到奧克拉荷馬州的錫爾堡（Fort Sill）接受基本培訓，然後在德州的山姆．休斯頓堡（Fort Sam Houston）接受軍醫培訓。他報名參加喬治亞州班寧堡空降部隊學校，在訓練第二週，他在一次落地練習中受傷。

二〇一三年十二月，他被調派到南韓的霍維營（Camp Hovey），與北韓邊界相距十英里。他以軍醫的身分隸屬於4-7騎兵團。他開始聽到一些令他坐立難安的中東戰爭故事，比方說在伊拉克和阿富汗街道上，整個家庭被炸毀或被美軍槍殺。他與那些患有創傷後壓力症候群的士兵共同生活。許多人有嚴重酗酒問題。他們說陸軍醫生會開抗憂鬱劑給他們，然後再被重新派遣到伊拉克和阿富汗。雖然身為一名軍醫，但他也被要求攜帶武器，並在戰鬥中使用。他知道對他來說這是不可能的。「我入伍是想幫助人，是為了更大的利益而戰。」他說：「然後我發現無辜的人常在戰爭中被炸死。我開始研究伊拉克和阿富汗的附帶損傷統計數據。」

他說：「軍隊中的醫護人員將士兵變成武器，這樣他們就可以回戰場殺人。我們受訓成為醫護人員時，收到的指令是維持戰鬥力。在軍隊裡當軍醫不是為了幫助最需要幫助的人，而是首先治療那些最有機會活下來的傷員。陸軍醫護人員的存在是為了延續戰爭。」

他開始閱讀伊拉克死亡人數統計網站（Iraq Body Count website）。他潛心閱讀小馬丁・路德・金恩（Martin Luther King Jr.）、聖雄甘地（Mahatma Gandhi）、諾姆・杭士基、霍華德・津恩、約翰・迪爾（John Dear）神父、穆罕默德・阿里（Muhammad Ali）和達賴喇嘛的著作和陳述。他沒辦法繼續看暴力電影或玩殘暴的電動遊戲。

「我開始閱讀跟越戰和二戰有關的文章。」他說：「我去了解長崎、廣島、落葉劑還有輻射的歷史背景，以及這些物質如今是如何繼續影響當地民眾，現在還是有人死於這些化學物質，或是在出生時帶有先天缺陷。我找到諾姆・杭士基和霍華德・津恩的論述。我從來沒有聽說過他們。我猜自己從來沒有聽過他們是有原因的。我讀了津恩的《美國人民的歷史》（*A People's History of the United States*），也讀了杭士基的《理解權利》（*Understanding Power*）。雖然我是無神論者，但很多影響我的思想是來自甘地、約翰・迪爾神父和金恩等宗教人物。我讀了《非暴力的朝聖》（*Pilgrimage to Non-violence*）。我知道他們為什麼不告訴我們戰爭的真相。美軍是採志願役制度。如果民眾知道真相，入伍人數就會減少。我已經被出賣了。」然後，在二〇一四年二月初，他上網瀏覽由瑪麗亞・桑特利（Maria Santelli）和比爾・蓋爾文（Bill Galvin）主導的良心與戰爭中心（Center on Conscience & War）網站。他馬上聯繫這兩位社運人士，告訴他們，自己是一位良心拒服兵役者。

關於軍事文化的一切，從其對暴力與超級陽剛的推崇，到對盲目服從的崇拜，都開始讓他感到不安。在他駐紮的韓國基地附近的許多酒吧和俱樂部中，有些來自菲律賓的女性員工，而他對美軍剝削這些菲律賓婦女的行為深感厭惡。

「菲律賓婦女被帶到酒吧裡唱歌。」他說：「她們唱得很棒。她們工作的酒吧，在日本殖民時期是韓國婦女擔任慰安婦的場所。酒吧老闆把這些菲律賓婦女的護照收走……美軍士兵向這些被剝削的婦女買飲料和性服務。這點我很看不過去。這代表他們內心一點價值觀也沒有。」

他離開基地時，會到佛教寺廟冥想禪坐。他說這能讓他保持理智。

根據陸軍法規的要求，他的申請文件必須在九十天內送達陸軍因良心拒服兵役者審查委員會（Department of the Army Conscientious Objector Review Board, DACORB），但文件兩百多天後才送到。二〇一四年十二月十六日，他被授予依良心拒服兵役者身分並榮譽退伍。雖然陸軍條例AR六〇〇之四三第二之八節指出審查委員會的決定為最終決定，但負責審查委員會的陸軍副助理部長法蘭辛．布萊克蒙（Francine Blackmon）單方面推翻DACORB的決定，拒絕他的申請。在爭取良心拒服兵役者身分的最後一哩路，他轉而向美國公民自由聯盟（American Civil Liberties Union）求助。

「在這整段過程中，我遵守規則。」他說：「但軍隊中有所謂的雙重標準。如果我不遵守規定，就會被送上軍事法庭；如果他們不遵守規定，不會有任何事發生。受苦的是我。如果最後這次機會又落空，我就不能再申請。」

我在麻州大學波士頓分校（Univer sity of Massacsusetts Boston）與三位退役的作戰美軍相處一個下午，其中兩位來自伊拉克戰爭，一位曾參與越南戰爭，在場還有一位在摩加迪休（Mogadishu）惡戰中長大的索馬利亞人。他們全都是詩人或小說家。

二十九歲、留著鬍子的約書亞．摩根．福爾瑪（Joshua Morgan Folmar）是來自阿拉巴馬州的海軍陸戰隊退役軍人，他曾在伊拉克參加兩百多次戰鬥巡邏行動。他坐在我身邊，把他的詩〈在前往波士頓的列車上思考科塔爾幻覺〉（Contemplating the Cotard Delusion on the Downeaster to Boston）遞給我。

詩的開頭如下：

也許我是具行屍走肉，也許我在德國或沃爾特．里德[譯注2]昏迷不醒
透過塑膠軟管攝取野戰口糧，哈迪塞[譯注3]的孩子則在撿拾
碎骨
如同紙牌遊戲
將爆炸後的骨頭碎片
換成巧克力

我的頭頹喪地靠在窗上：面容映出斷裂的肢體與死水

譯注2：Walter Reed，美國國家軍事醫療中心。
譯注3：Haditha，伊拉克城市。

映照在火車安全玻璃上
模糊不清
某處，最後一輪戰鬥巡邏等著我
某處，死去的朋友也在等著我

四十七歲的布萊恩・特納（Brian Turner）在二〇〇三和〇四年，在伊拉克的第三史崔克旅（3rd Stryker Brigade）擔任中士和步兵小組長。人還在伊拉克時，他在一本小筆記本中寫詩。這些詩都發表在後來出版的《子彈在這》（*Here Bullet*）。其中一首名為〈鬼魂〉（Ashbah，阿拉伯文「鬼魂」的音譯）的輓詩寫道：

美國士兵的鬼魂
夜裡在巴拉德[譯注4]的街道遊蕩
疲憊不堪，不知回家之路在何方

譯注4：Balad，伊拉克城市。

沙漠的風吹打垃圾
沿著狹窄的小巷
尖塔上傳來深情的呼喚
提醒他們，他們多麼孤獨
多麼迷茫。還有那些死去的伊拉克人
他們在屋頂上默默觀望
棗椰樹的剪影在海岸邊列隊
黎明的風吹起，棗椰樹集體朝向麥加傾斜[24]

在美國，這些退役軍人過得並不舒坦。

「我生活在這個極為富裕的國家，我們能發動戰爭，而不必去思考戰爭的後果。」特納說：「這是一種代代相傳的病態思維。我們談論自己的軍隊，我們使用『英雄主義』這樣的字眼。但是，我們什麼時候才會開始關心那些名字對我們來說很難發音的人？戰爭奪走的人命不計其數。在一個不想聽的國家，我該如何寫下這些並與大家分享？我們想要簡單、完整的敘事，我們想要的是自己能夠消化處理的敘事。」

我們想要像歷史學家或在墓地製作墓碑的人那樣紀錄戰爭。他們給了我們戰爭的開頭、持續時間和結尾。但對於我們這些曾經參戰的人來說，戰爭沒有結束。如果你到加州弗雷斯諾（Fresno）跟我爺爺聊天，在一天當中的某個時刻，你會置身二戰現場。」

一般來說，最嚴重的創傷都不是由戰鬥退役軍人目睹的事物造成，而是由他們自己的行為所導致。道德上的傷害。最讓人不安的記憶通常跟兒童有關。戰爭會催生出一群衣衫襤褸、貧窮骯髒的街頭小乞丐。這群頑童在衝突的邊緣徘徊，尋找可以吃的東西。他們在垃圾堆裡翻找東西、在路邊排隊向車隊乞討食物或巧克力。他們試圖靠販售一些可悲的東西來賺錢。在伊拉克，他們向美軍販售「怪異的」（freaky，用來指稱歐洲色情影片的俚語）威士忌或海洛因（特納說他覺得裡面可能不是真的海洛因）。孩子生活在恐懼之中。他們看到自己的父母、兄弟姊妹和祖父母被佔領軍公開羞辱。夜襲時，軍隊踹開他們的房門，把他們和家人驅趕到房間裡，逼他們坐在裡頭，有時得坐上好幾個小時，還用塑膠繩把他們的手臂綁在背後，孩子都嚇得縮成一團。他們日夜警惕地盯著頭頂上盤旋的無人機，不曉得死亡何時會從天而降。他們眼睜睜看著兄弟和父親被殺。他們渴望有一天長大成人、替他們報仇。

孩子朝美軍車隊或巡邏隊投擲石塊。他們充當叛亂份子的偵察員，有時還會攜帶自動武器。在佔領戰爭的夢魘中，基地周圍的每個阿富汗人或伊拉克人都會被當成敵人，孩子很快也會成為目標。士兵和海軍陸戰隊隊員經常將自己在車內小便時用的瓶子，扔給在路邊討水喝的小孩子。卡車經過時，孩子還會拿石頭往擋風玻璃丟。

「孩子會跑出來朝我們扔石頭。」特納說：「我們當時的時速是三十五還是四十英里。一顆石頭這樣朝你飛過來，你受的傷可能一輩子都不會好。有個孩子砸碎一輛貨運卡車的擋風玻璃。卡車車頭扭轉翻覆，司機大約在九十秒內就沒命了。我記得在無線電中聽到一些高層人士說：『我們授權你們射殺孩童。』」

福爾瑪說偶爾會有孩童朝他的巡邏隊發射空氣槍。美國人無法分辨這些是玩具槍還是真槍，所以一概沒收，避免有人傷亡。

「我們會去找商店老闆說：『請不要賣這些東西。』」他說：「有一天，有個孩子走出來朝我們開槍。我們大喊：『喂！』他嚇到了。我們從他手上把槍拿過來。他父親走過來，試著搞清楚到底發生什麼事。我們現場沒有口譯。我是無線電操作員，通常會坐在班長旁邊，所以我變成阿拉伯語翻譯，這實在很荒謬，因為我只接受二到三週的培訓。靠著比手畫腳跟一點阿拉伯語，我試著向這位父親解釋我們為什麼要把槍收走。我們不希望他的孩子死掉。如果天色很暗，我們不會知道那是真槍還是空氣槍。那位父親不懂我想表達什麼。我不怪他，我的阿拉伯文實在太爛。我的班長很累，也很氣。他掏出自己的M9軍用手槍，把槍抵在那位父親臉上。他說：『那這個你懂嗎？』」

有些時候，士兵會對小孩獻殷勤，其他時候孩子卻會被威脅。孩子永遠不曉得軍隊會如何對待他們。

「交戰規則不斷改變。」福爾瑪說：「有些時候，看到什麼就開槍。有些時候又要用心意跟思想來交流。發放巧克力、送東西給被炸成碎片的學校。我們會隨身帶著糖果。然後又過一個星期，小孩子會大聲喊著『巧克力！巧克力！』但我們又接到命令不能靠近小孩。」

「巡邏的時候，有顆石頭飛過來打到我的頭。」福爾瑪說：「孩子的父親不曉得從哪裡冒出來，把孩子打得屁滾尿流的。我們都在笑。但我後來想，到底是什麼樣的一個世界，逼得父親要把孩子修理得這麼慘？一部分原因當然是尊重，但也是因為他意識到孩子可能會因為丟石頭而被殺。」

「在這方面，我們真的開始……我不想說痛恨小孩，但我們被激怒了。我們變得憤世嫉俗。某個時間點，我們發現自己被困住了。我們所做的就只是在創造一個新的世代，一個彼此憎恨的世代。我待的單位還沒有人說：『把他們都殺了吧。』但有那麼一刻，我們都覺得『這有什麼意義？』我們只是在逼瘋他們，他們會恨我們。仇恨只會延續下去。」

福爾瑪說，當美軍在檢查站檢查卡車時，許多車輛都載著要埋葬的屍體，而孩童的屍體並不罕見。他說：「這已是常態。」

越戰的狀況和情緒也相當類似，只是還有成千上萬名少女遭到虐待，她們都生活在偌大軍事基地外以及胡志明等城市的妓院中。

六十六歲的喬治．科瓦奇（George Kovach）是團體聚會中的第三位退役作戰美軍，他和部隊的一位朋友在越南受傷。直升機來協助他們撤離時，他朋友死在他身旁。時至今日，他依然在和憂鬱症和自殺的念頭對抗。

「我還記得士兵會朝孩子的頭扔C口糧的罐子。我知道我也做過，有時候行為更惡劣。」他說：「很多小孩會追蹤營地的下落。在越南，這些小孩會把你的行蹤洩漏給越南南方民族解放陣線（Viet Cong，又稱越共）。我們出發去巡邏的時候，都擔心小孩會跟越共報告我們的行蹤。」

三十六歲的博亞・J・法拉（Boyah J. Farah）在十幾歲時與母親一同經歷了索馬利亞的戰爭。在五個兄弟姊妹中，他排行老大。我們在波士頓會面的期間，他默默聽著退役軍人的故事，他說自己還記得身為分裂的另一邊是什麼感覺。他引用一句非洲諺語：「大象打架，小草遭殃。」

「民兵會進入城市，奪走一切。」法拉說：「然後這個民兵會被打敗，新的民兵會替補進來。每個進來的民兵都很飢渴，渴望偷竊、渴望強姦。他們會拿走所有東西，包含已經少得可憐的米。如果爐子上有食物，他們也會拿走。就當你以為自己已經習慣了，新的民兵又會出現。」

特納轉向法拉，對他說：「我曾經踹過別人家的大門。我的工作是突擊檢查，每天晚上都是，馬不停蹄。這是我現在正在思考的，對我來說也是很難下筆書寫的部分。我可以描述踢門闖進民宅的感覺。但是……我不曉得那些在房子裡的孩子是什麼感覺。戰爭結束回國後，你能感到安心自在嗎？你會覺得安全嗎？」

法拉搖搖頭，說：「一旦有過那種經歷，感覺就永遠不會消失。就像你在戰鬥過程中的經歷。我在一九九三年來到美國，從來就沒有覺得安全過。我從來沒有適應美國的國慶日。一聽到煙火的轟隆聲，戰爭就會重新上演。就算是關門的撞擊聲也會讓我想到戰爭。」

「我逃出來了。」法拉表示：「我受了教育，來到一個和平的國家。但我有很多朋友都沒辦法逃到和平的國家。他們留在原地。而那些留下來的人只為了復仇而活。我在肯亞的難民營時，有位父親被殺的朋友大聲禱告，『上帝，我不曉得你為我安排了什麼樣的人生。但我要回去殺一百個人。』他當時十六或十七歲。我很確定他回去了，也相信他殺了人。我不曉得他是否還活著。」

「最難寫的東西是愛。」特納表示，「會變得有點矯情。這種沒辦法靠寫作來表達愛意的現象，也是戰爭的遺毒。書寫戰爭很簡單。戰爭讓人上癮。我被那種狂熱的經歷與體驗所吸引。但我想要的是愛。我想要替妻子寫詩。但是當我動筆嘗試，總是寫不好。」

福爾瑪也表達類似看法。「我理解暴力。」他說：「我能把暴力寫出來，也寫得不錯。但我就是寫不出愛來。我怎麼可能有辦法動筆寫愛？畢竟我有其他這麼多想法跟主題要寫。我老婆會問：『你都寫這些悲傷的東西，什麼時候才要寫我？』我必須先把其他東西抒發出來。我希望能把這些東西掏出來，希望寫出來之後那些感覺就能消失。」

第七章

存在危機

從戰爭歸來的戰鬥老兵所面臨的危機，不光只是與創傷和孤立的感覺奮鬥。對於那些會在痛苦中自我覺察的人來說，那往往是種存在危機。戰爭揭露我們對自己的謊言，撕開宗教和一般社會機構的虛偽面紗。從戰場回來的人所學到的，對於那些待在家裡沒上戰場的人來說往往難以理解。我們不是一個道德高尚的國家。上帝和命運並沒有賜予我們高於他人的權利。勝利並非必然，戰爭既不光榮也不崇高。我們將邪惡的標籤貼在敵人身上，但我們自己心中就有這股邪惡的力量。

這些預言家吐露的字字句句聽來令人痛苦。我們，身為一個國家，更願意去聆聽那些揮舞著愛國旗幟的人所說的話。我們寧願覺得自己是尊貴崇高的。假如退役軍人說起無形和有形的可怕傷口，談到為了讓他們殺人而說的謊言，談到以我們之名犯下的罪惡，耳朵就會包滿一層蠟。我們會說，那不是**我們的**男孩，不是在我們家園長大、具備善良正義特質的美國男孩。假如殺人對他們來說很容易，那我們呢？所以，關上耳朵不要聽，這樣比較簡單舒服。我們不聽他們表達的一連串憤怒話語，只希望他們能冷靜下來、講點道理、去尋求協助，然後消失。我們這群醜陋畸形的人將先知預言家當成瘋子，把他們扔進沙漠，這就說明為何許多退役軍人都覺得自己與社會疏遠、因而被激怒。這也是為什麼有這麼多人選擇自殺或是染上某種癮。

在《走出黑夜》（*Out of the Night: The Spiritual Journey of Vietnam Vets*）這本書中，曾在越南擔任天主教神父的威廉·馬赫迪（William P. Mahedy）描述一位士兵的故事。那位士兵曾是祭壇侍者，他對神父說：「神父……為什麼跟媽媽桑上床是種罪，但在灌木叢中射殺東方佬卻沒事？」[25]

「想想那天我跟他在叢林空地不得不面對的問題，」馬赫迪寫道：「基督徒怎麼有辦法問心無愧地在戰區殺了一整年的人，卻因為和一名性工作者相處幾分鐘就讓自己的靈魂接受嚴格拷問？如果我們用如此嚴謹的心態來詮釋新約聖經中針對不當性行為的禁令，那麼，為什麼耶穌針對暴力的訓諭不具有同等約束力？換言之，『不可殺人』這條戒律到底是什麼意思？」[26]

軍隊神職人員絕大多數是福音派基督徒，他們捍衛未出生嬰兒的性命、將美國吹捧為基督教國家、支持死刑，並熱切替伊拉克與阿富汗戰爭獻上祝福，認為這些戰爭是所謂的聖戰。他們的道德空洞，還有實際行為與聲稱之價值觀之間的巨大落差，都在戰爭中被撕開。

將試圖殺你的人置於死地，以及奪走一個無力傷害你的人的生命，這兩件事是有區別的。前者是殺人，後者是謀殺。但是在難以與敵人實際正面交鋒的戰爭中，謀殺的發生率遠高於殺人。家家戶戶在空襲行動中遭到屠殺。美軍車隊附近的簡易爆炸裝置爆炸後，兒童在美軍於社區內發起的火力壓制中被槍殺。砲彈炸毀房屋。但沒有人停下來查看。死者與傷者被留在原地。

在各種宗教組織的經文中都有針對謀殺給出明確的訓諭，但幾乎所有宗教組織都未能解決戰爭本質上的問題，這點讓宗教的存在毫無意義。這些機構在戰爭時幾乎沒什麼話可說，因為他們崇拜的是一位虛假的神，一位承諾會讓那些遵守法律和相信國家昭昭天命的人獲得勝利的神。

我們都有作惡的能力，釋放這股力量並不難。對於我們這些參加過戰爭的人來說，這是最難消化的醜陋認知：受害者與加害者只有一線之隔、人類在破壞和死亡中找到一種扭曲變態的樂趣，而只有少數人能夠抵抗這種誘惑。我們當中的大多數人至少也都會成為沉默的幫凶。

為保生存，戰爭或許勢在必行。但戰爭永遠是悲劇。戰爭總是將社會中最壞的元素帶到表層，也就是那些喜愛暴力、渴望獲得絕對權力的人。他們徹底顛覆道德秩序。組成塞拉耶佛防衛陣線的人員，其實就是社會中的犯罪階層，當這些暴徒沒有守住路障來阻擋圍攻的波士尼亞塞族軍隊時，他們就在城裡搶劫、強姦和殺害塞族居民。那些將戰爭描述成政治工具的政治人物，那些發動戰爭卻不了解戰爭現實面的政治人物，那些位高權重的掌政者，比方說亨利．季辛吉、羅伯．麥納馬拉（Robert McNamara）、唐納德．倫斯斐（Donald Rumsfeld）還有迪克．錢尼等將戰爭當成大規模國家遊戲的人，都跟協助他們的宗教走狗一樣道德淪喪。戰爭落幕，他們在厚厚的回憶錄中向讀者傳達的戰爭敘事，也是愚蠢而空洞的。

馬赫迪寫道：「從神學角度來看，戰爭是罪惡的。這與某一場戰爭是否站得住腳，或一位士兵抗爭中的孤立事件是否正確都無關。關鍵是，作為人類從事的一種行動，戰爭本身就是罪惡。戰爭是我們表達對人類同胞之仇恨的一種形式。戰爭產生了我們與他人的隔閡以及虛無主義，最後也代表我們背離上帝。」[27]

年輕的士兵和海軍陸戰隊隊員並沒有計畫或組織戰爭。他們並沒有企圖替戰爭辯護或解釋戰爭的原因。他們被教導要相信。國家和宗教的象徵相互交織。上帝的意志成為國家的意志。這種信任被永遠打破。

包含宗教機構在內的各種社會機構，將我們塑造成順從的公民，而這些機構的真面目已被揭開。許多人自覺遭到嚴重的背叛，再也找不到重新對國家與上帝懷抱信念的途徑。他們蓄積了自我毀滅的憤怒與怨恨，這是合理、可理解的，但同時也讓他們的人生動彈不得。找來一位正努力將生活完整拼湊的退役軍人，問他跟上帝有關的問題，就會發現他心裡那赤裸的怨恨和痛苦慢慢湧現。他們已經看到美國腐敗的核心，看見美國最神聖的機構有多空洞虛無，同時也看到我們那驚人的偽善嘴臉；在社會大眾當中，那些拒絕留心他們話語的人，變成他們口中譴責的邪惡的同黨。

所有部隊在佔領及對抗叛亂勢力時，比方在烏克蘭、伊拉克、阿富汗、敘利亞、加薩走廊或越南，都會處於心理學家羅伯・傑伊・利夫頓（Robert Jay Lifton）所謂「產生暴行的情境」（atrocity-producing situations）。在這種環境中，周圍都是敵對的群眾，像是去店裡買瓶可樂這樣簡單的行為，也可能代表你會被殺死。這種揮之不去的恐懼和壓力，使部隊將周邊的人都視為敵人。當敵人難以捉摸、躲在暗處或難以辨明時，敵意就會更加劇烈。路邊炸彈爆炸後，戰友被炸死或嚴重傷殘；直升機或部隊運輸機被擊落，導致裡頭的人員皆盡喪命，這些事件發生後，士兵心中的怒火很容易隨著時間推移而導向無辜、與叛亂份子並無鮮明區隔的平民。這在心理上只是往前跨了一小步，在道德層面卻是一大躍進。這是從殺人跨到謀殺的一步。士兵和海軍陸戰隊隊員在短時間內習慣了這種謀殺的環境與文化。

跟著第四十二步兵師在提克里特（Tikrit）服役的傑佛瑞・米拉德（Geoffrey

Millard）回憶說：「這個單位設下這個交通控制站，有位十八歲的孩子站在一輛裝甲軍用汽車上，拿著一把〇．五口徑的機槍。有輛車迅速朝他的方向開過來，他在一瞬間判斷對方是自殺炸彈客。他扣下蝶型板機，在不到一分鐘內朝這輛車發射兩百發子彈。這一開槍殺死了一位母親、一位父親跟兩個孩子。男孩四歲、女孩三歲。」

「他們向上將報告這件事。」米拉德說：「報告內容相當殘忍可怕。他們還放了照片。他們向上將報告。然後上將轉身對全師人員說：『如果這些該死的哈吉學會開車，就不會發生這種鳥事。』」[28]

那些從戰場回來的人就像米拉德一樣，不僅對壓力產生延遲反應，更面臨信仰危機。他們所認識的上帝，或是說他們以為自己認識的上帝，讓他們失望了。承諾會透過服務上帝與國家來救贖人類的教堂、猶太教堂或清真寺，並沒有讓他們做好準備面對公民宗教的背叛，以及準備好接受所有人都具備施暴能力的事實。

「還有，你知道嗎？我有種我們到底在搞什麼鬼的感覺，我在伊拉克就這麼覺得。」估計自己在伊拉克駕駛數百批護送車隊的班．弗蘭德（**Ben Flanders**）中士表示：「戰爭的瘋狂，還有人性因為瘋狂而消失的事實。沒錯，我想戰爭確實就是這樣，但我覺得我對人的同情心已經大幅減少，我唯一在乎的是自己跟同袍。其他人都該死，不管你是不是伊拉克人，我很抱歉，很抱歉你住在這裡，很抱歉這個情況這麼可怕，很抱歉你必須面對這些狀況。你也知道，軍隊的車輛到處亂竄、射擊，還有這些叛亂份子等等的。」[29]

「在科威特下飛機時收到的第一份作戰指示，你走下飛機，兩隻手各提著一個行李袋。」米拉德回憶說：「你把武器背起來，背上背了一個織網袋。你熱得要死，也超累，時差非常嚴重。思緒根本就還模糊不清。除此之外，你還非常害怕，因為你在科威特，已經不是在美國了……所以恐懼慢慢升起。他們要你坐在這個小小的簡報室裡，告訴你不能相信那些該死的哈吉，因為那些該死的哈吉都會殺你。他們總是把哈吉當成侮辱的稱呼，還會在前面加上『他媽的』。」[30]

戰爭讓士兵有能力摧毀物體，還有能力摧毀人、取消這個人在地球上生活的資格。這種破壞的狂熱（當單位或部隊的紀律崩解，狂熱就是最正確的描述，或者，軍隊本來就沒有所謂的紀律可言），讓武裝部隊被有毒的魔藥迷惑，而能夠消滅他人存在的力量就是迷幻魔力的來源。所有物體，包含人，都成了目標——要不滿足其需求，就是將其毀滅，或是兩者兼而有之。

「你知道嗎？很多人真的相信這個概念，就是如果他們不講英文、膚色比較深，那他們就不是跟我們平起平坐的人類，所以我們愛幹嘛就幹嘛。」曾在伊拉克第八十二空降師服役的喬許．米德爾頓（Josh Middleton）表示：「你知道，在軍事基地布拉格堡（Fort Bragg），我們這群二十幾歲的小夥子只會被長官吼來吼去，工作是撿菸蒂、每天被長官吼著去找骯髒的武器。但是在這裡，每件事都攸關生死。四十歲的伊拉克男人用恐懼的眼神看著我們，我們可以……你懂我意思嗎？我們具有這種你沒有的力量。這真的是種解放。生活被回推到如此原始的水準，你擔心的只有下一頓飯在哪裡、今天晚上要睡哪、下次巡邏會不會有危險，還有擔心如何維持生命。」[31]

卡米洛．梅加（Camilo Mejia）在服役期間申請成為因良心拒服兵役者。他相當厭惡部隊裡士兵和長官對阿拉伯人的種族歧視和輕蔑。每件事都被他們拿來嘲笑，「哈吉的食物」、「哈吉的家」、「哈奇的音樂」，還有「哈吉的廁所」，也就是在地板上挖洞的蹲式馬桶，意思是阿拉伯人「像狗一樣拉屎」。他參與了自己心中認為毫無意義的暴行。他跟同袍進行民宅搜索，士兵衝進老百姓家裡，把他們的衣服脫光、用英文對他們大吼大叫、強迫他們在室外高溫下站好幾個小時，使他們承受不必要的恐嚇。士兵偷走屋內的食物和貴重物品，包含兒童在內的平民則縮在角落恐懼地看著。

士兵的行為激怒伊拉克人，因而助長叛亂行動。

「我經歷那種可怕的混亂感。」梅加回憶著，「不曉得自己是為拘留者感到害怕，還是為假如我幫助他們會發生什麼事而害怕。」[32]

「逮捕司機後，」他回想當時情境，表示：「我們會選擇自己喜歡的車輛，用沒收的汽油桶幫車子加油，並且開著扣押的汽車進行臥底巡邏。」

他說：「當然，除了自身的懦弱，我到今天還是找不到一個完美的答案來解釋自己為什麼袖手旁觀，看著囚犯被虐待。」[33]

如果伊拉克家庭開車距離檢查站太近，或者是在接近為數眾多的路障時沒有將車速降到最低，美軍會毫不例外地朝他們開槍。梅加看到一位父親在車內，當著小兒子的面，被一把五〇機槍擊中頭部死亡，不過在那個階段，梅加指出，「民眾早就對這種殺害平民的行為不感興趣，也不會加以評論。」[34]為了消遣，士兵會朝路邊販售的汽油罐開槍，然後將燃燒彈丟進流出桶外的一灘灘汽油中，讓汽油燃燒起來。一位士兵說：「開槍亂射很好玩。」某些人朝投擲石塊的小孩子開槍。簡易爆炸裝置爆炸後，美軍用重型M-240通用機槍、AT-4發射器和馬克19自動榴彈發射器朝路邊民宅瘋狂掃射，導致數十人死傷，而這些傷亡者都被他們以「附帶損傷」輕描淡寫帶過。

梅加談到致命的路邊炸彈時說：「我們會把車開在公路的逆向車道，減少被簡易爆炸裝置擊中的風險。迎面而來的車輛只能被迫移動到道路的一側，導致車流速度大幅下降。如果塞在車陣中，有人可能會丟手榴彈到我們的卡車底下。為了避免這種狀況，我們會直接把卡車開上人行道、輾過垃圾桶，甚至撞上民用車輛，把停在路邊的車撞開。我們的卡車橫衝直撞時，很多士兵會大叫大笑。」[35]

梅加和他的隊員嘗試努力控制抗議佔領的伊拉克人群時，朝著一位手持手榴彈的伊拉克人開火。那名男子中了數顆子彈。事後，梅加檢查自己的彈匣。他朝這名年輕人打了十一發子彈。

梅加後來寫道：「因為無法回擊那些攻擊我們的人而產生的挫敗感，讓美軍策畫出一些戰術，而這些戰術的用意似乎只是為了懲罰支持他們的當地居民。」[36]

士兵還會蹧踐死在他們手下的伊拉克人的屍體。在一次事件中，士兵看著一具伊拉克人的屍體從卡車後方摔到地上，大家集體大笑。

曾經隸屬於梅加部隊第三排的一位士兵摟著屍體說：「幫我跟這個蠢蛋拍張照吧。」

裹屍布從屍體上滑落，露出底下只穿著褲子的年輕人屍體。胸口有一個彈孔。

「媽的，他們也把你搞太慘了吧?!」士兵大笑。

死者的兄弟和表親目睹這一幕。[37]

高階軍官很少會離開防衛森嚴的基地，他們派出部隊進行徒勞無功的巡邏，只為了獲得戰鬥步兵徽章。梅加說，戰鬥步兵徽章是「他們往上升到軍官級別的關鍵」。這個模式代表「高級軍官很少真正參與作戰行動，而低階軍官則害怕在他們犯錯時出面反駁」。戰鬥步兵徽章上有一把火槍的標誌，擊錘處於待發狀態，四周是一圈槲葉環。這個徽章送來的時候，高級軍官會立刻找來伊拉克裁縫，將徽章縫在沙漠作戰服的左胸前口袋上。[38]

梅加諷刺地說：「這是部隊領導人搶先帶頭的其中一個場合。他們是第一批去找裁縫的人，請裁縫把榮譽小徽章縫在心臟旁邊。」[39]

暴力根本毫無意義。

「如果有人家裡有電風扇，那他們就是白領家庭。」曾在基爾庫克（Kirkuk）突襲伊拉克家庭的菲利浦．克里斯托爾（Phillip Chrystal）表示：「總之，我們在這一天開始，先從這戶人家下手。開始的時候，我們有負責執行心理戰的車隊，就是用大喇叭播放阿拉伯語、波斯語或庫德族語或其他什麼語言的訊息。內容大概是說，如果你家裡有武器，請把武器擺在屋子前門旁邊。請走到門外等等的內容。如果有需要，我們還會派阿帕契直升機來確保現場安全，這也是一種很不錯的武力展示手段。我們四處奔波，到那個時候已經處理完幾間房子。我跟排長、班長，或許還有其他一些人一起行動，但我真的不記得。」

他說：「我們正在接近這棟房子，還有這個農耕區，那邊的規畫看起來就像小院子。然後他們有一棟主要建築，公共區域。他們有一間廚房，還有一個儲藏室之類的地方。我們靠近的時候，發現他們家有一隻狗。那隻狗凶猛地狂吠，狗本來就會這樣。我的班長不知從哪裡冒出來，一下就開槍把狗打死。但是他媽的，班長沒有……子彈射中那隻狗，從下巴射進去然後又穿出來。我看著那條狗，我超愛動物。我很喜歡動物，那隻狗就睜著眼睛跑來跑去，血噴得到處都是。你知道嗎，那一家人就坐在那裡，三個小孩、媽媽還有爸爸，全家都嚇壞了。我整個人不知所措。所以我對班長大喊，喊說你他媽在幹嘛。然後那隻狗開始吠叫。狗在哭喊，但是沒有下巴。我看著那家人，他們的表情只寫著恐懼。所以我告訴他們，叫他們直接把狗射殺。你懂嗎？至少把狗殺了，因為牠一輩子就這樣了。狗在受苦。說真的，我光是現在描述這些就已經在流眼淚，我當時也哭了。我看著那些孩子，他們非常害怕。所以我請翻譯跟我一起過去，我把錢包拿出來，給他們二十塊錢，因為我身上只有那麼多。然後，我請翻譯把錢給他們，告訴他們，我很抱歉那個混蛋做了這種事。這種事經常發生。」

「有任何關於這件事的報告嗎？」他問：「有沒有任何事後補救？還是任何懲處？沒有，完全沒有。」[40]

克勞斯．特韋萊特（Klaus Theweleit）在兩卷名為《男性幻想》（*Male Fantasies*）的書中，根據一戰後德國退役軍人的痛苦疏離為論述基礎，指出軍事化的文化會攻擊所有在文化上被認定為陰柔的東西，比方說愛、溫柔、同情以及對差異的接納。任何在性別方面模稜兩可的狀態，對男性的「陽剛」以及軍事化國家所需的明確定義之角色來說都是威脅。特韋萊特在書中探討的變態道德倫理、僵化的社會角色以及情感麻木之所以持續存在，就是因為永久的戰爭經濟獲得支持，以及軍事價值不斷被推崇為最高利益。

特韋萊特認為，與其說法西斯主義是一種政府形式或特殊的經濟結構或制度，不如說是強而有力的口號與符號的產物。這種口號與符號形成一種心理經濟，讓性別受摧毀所奴役。特韋萊特寫道，「所有法西斯政宣活動的核心，是反對所有構成享受和歡愉的事物。」[41]我們的文化雖然鄙視法西斯主義的名號，卻擁抱其黑暗的倫理。

《紐約時報》專欄作家湯馬斯．佛里曼（Thomas Friedman）在二〇〇三年接受查理．羅斯（Charlie Rose）採訪時，用這種性化的暴力語言來證明伊拉克戰爭的合理性：

「他們需要看到的，是美國男孩和女孩，從巴斯拉（Basra）到巴格達（Baghdad），挨家挨戶地說：『我們都講這麼清楚了，你還有哪裡聽不懂？』」佛里曼說：「『講真的，你不覺得我們有在關心我們的開放社會嗎？你覺得我們會放任這個泡沫幻想繼續擴大嗎？拜託，**想得美**[譯注1]！』查理，這就是這場戰爭的意義。我們本來可以攻打沙烏地阿拉伯，那是泡沫幻想的一部分。我們也可以攻打巴基斯坦。我們出兵伊拉克，因為我們辦得到。」[42]

哲學家狄奧多．阿多諾（Theodor Adorno）寫道，眼前只看得到個人關心的問題，以及漠視非自我認同之群體內的他者的痛苦，催生出法西斯主義以及大屠殺等暴行。

譯注1：原文suck on this，直譯的意思是男性命令他人幫自己口交，帶有侮辱的意涵。作為一般粗話俚語使用時，有以下意涵：「我贏了！」「我把你幹掉了！」「我辦到了！」「想打敗我？不可能！」

阿多諾寫道：「在大體上都算是有文明教養、單純無辜的群眾當中，之所以會發生奧斯威辛集中營這樣的暴行，無法認同他人無疑是最主要的心理因素。所謂的政治同路人主要也只是關乎商業利益：在追求其他事情之前，人首先追求的是自己的利益，而且為了不要承擔任何風險，他或她也不會說太多。這就是現狀的基本法則。恐怖之下的沉默只不過是恐怖的後果。社會單子（societal monad）的冷漠以及孤立的競爭者，連同對他人命運的漠然，在這些前提之下，只有極少數人會做出反應。施暴者了解這點，並且反覆將這點拿來試驗。」[43]

第八章

屍體

潔西卡・古德爾（Jessica Goodell）在紐約上州肖托誇湖（Chautauqua Lake）附近的一個中產階級家庭長大。父親是名律師，母親則是家庭主婦。父母在她十六歲時離婚，她的「宇宙崩解了」，「日常生存的作息」幾乎完全停擺。她在高三的時候被伊薩卡學院（Ithaca College）錄取，但就在畢業前，一位身穿制服的海軍陸戰隊隊員拜訪她的高中。他對她說自己是來尋找「強悍的男人」。

「強悍的女人可以嗎？」她問。

當天下午，她來到海軍陸戰隊的招募辦公室。她告訴招募人員，說自己想成為坦克車組的一員，不過招募人員表示女性不得操作坦克。她看到一張照片，照片中是一名海軍陸戰隊隊員站在一輛車旁，車上裝有巨大液壓臂和兩個較小的叉架起貨臂。雖然她對重型機具一無所知，還是報名成為一位重型設備機械師。

三年後，她駐紮在加州二十九棕櫚村（Twentynine Palms）這座沙漠小鎮時，自願到海軍陸戰隊的第一個正式殯葬事務單位服務，地點在伊拉克的塔卡杜姆空軍基地（Al Taqaddum Airbase）。八個月以來，她的工作是「處理」死去的海軍陸戰隊隊員：收集他們的屍體和個人物品，並進行資料登錄分類。

她將遺體裝入屍袋，把屍袋放入金屬箱。在送往多佛空軍基地（Dover Air Force

Base）之前，這些金屬箱會被存放在一個所謂「冷凍室」的冷藏裝置中，保存時間往往長達數日。她待的單位處理了六起自殺事件。她告訴我，自殺者幾乎都在遺書中提到被欺負。體重過重或無法完成體能訓練的海軍陸戰隊隊員，會遭受嚴厲的言語以及身體霸凌。他們被戲稱為「噁心的胖子」跟「狗屎袋」。他們會被指派為其他海軍陸戰隊隊員的「奴隸」。許多人被逼著跑步跑到嘔吐為止，或是以四足跪姿的熊爬姿勢爬完一個足球場的距離再回來。隨後是好幾組的猴子操練，他們必須彎下腰抓住腳踝，像棒球捕手一樣蹲伏而下然後再站起來。除了這些之外還有其他運動，直到被霸凌者倒地不起。

古德爾的單位負責整理自殺的海軍陸戰隊隊員屍體。

「我們翻遍所有個人物品。」古德爾對我說：「海軍陸戰隊隊員死掉的時候，我們會拿到屍體上的所有東西。每個人的左胸口袋裡都有一本「交戰規則」（The Rules of Engagement）。你會在裡面翻到士兵寫給彼此的筆記。裡面還有清單。清單很常見，裡面列出他們回家之後想做的事或想吃的食物。最難的部分是整理照片。每個人身上都會放一張老婆、小孩或家人的照片。死者也有可能是更年輕的十八歲小夥子，他們身上可能會有畢業舞會的照片，或是跟車子的合照。我猜那是他們人生的第一輛車。每個人的防彈背心裡都有一根湯匙。還有鋼筆、垃圾、包裝紙跟MRE口糧。這些東西全會被送回海軍陸戰隊隊員的家。我們內心都覺得，搞不好哪天躺在這張檯子上的人就是自己。我想海軍陸戰隊隊員都覺得自己出任務就永遠回不了家了。所以，大家都會寫信說『如果我死了，我想告訴你我愛你』，還有『我希望能把車送給弟弟』這類的話。他們將這些信放在身上。我們還處理過一位海軍陸戰隊隊員的遺體，他在錢包裡放了一張老婆寄給他的胚胎超音波圖。很多海軍陸戰隊隊員會把重要資訊刺在胳肢窩底下，這就是我們所謂的『肉標』。」

「有些東西並不罕見，遺書就是。」她接著說：「有位海軍陸戰隊隊員在流動廁所裡朝自己的臉開槍，另外有一人朝自己的脖子開槍自殺。一般來說，他們會在地堡或廢棄建築的角落動手。有些人是在流動廁所自殺。我們必須進廁所把噴到牆上的肉塊和大腦組織剝下來。我們將屍體跟遺書一併送回他們家。我們這邊有一些要做指紋鑑定的文件，但我們陸續收到一些沒有手的屍體，或者屍體送來的時候只是一團肉。所以指紋鑑定很快就變得沒那麼重要。等到我們領到屍體的時候，距離死亡可能已有一段時間，屍體已經變得僵硬。他們的手通常握得很緊，好像還握著步槍。有一天我們接到電話，說陸軍車隊在過橋的時候，車底下有個簡易爆炸裝置爆炸了。炸彈威力使那輛七噸重的卡車翻覆、掉進深溝內。我們穿著白色的塑膠服，戴著口罩和手套。我和一位名叫皮內達（Pineda）的陸戰隊隊員一起行動。我繞過那台悍馬軍用汽車，看見地面有一個圓圈。我看著那個圈，心想爆炸中心肯定就在那裡或附近。我仔細一看，看到一隻靴子。然後我發現靴子裡有一隻腳。副駕駛的屍體被困在車內。他全身都卡在車內。我們必須爬進車子把屍體弄出來。皮內達跟我把燒焦的上半身從卡車上拉出來，然後我們又取出一條腿。遺體的某些部分必須要用手撈才行，就像把兩隻手伸進水裡，然後將手合起來把水舀起那樣。這其實非常常見。很多人都是死於簡易爆炸裝置或爆炸。你可能會找到上半身，但是遺體的其他部分得用手撈進屍袋。把屍袋拎起來的時候，中段會往下沉，因為裡頭裝滿了肉。這很平常。」

她在二〇一一年出版的回憶錄《陰影來襲》（*Shade It Black: Death and After in Iraq*）中寫道：

我們這個排之於海軍陸戰隊，就像海軍陸戰隊之於多數美國人，負責完成必要但沒有人願意了解的工作。其他海軍陸戰隊隊員知道我們的工作內容，但他們不願意想像這件事有可能會發生在他們身上。我們與其他海軍陸戰隊隊員不同。我們的衣服、頭髮、皮膚和手指上都瀰漫著死亡的氣息。我們的軍服上沾染著血跡或腦漿。撈起屍塊時，肉塊常常會黏在襯衫袖口上。就算把手套脫下，還是聞得到屍體氣味。我們不會每天清洗軍服。吃東西的時候，袖口離臉很近，所以一直聞到一股腐肉般的味道。我想那確實就是腐肉的味道，因為屍體經常會在太陽和高溫底下長時間曝曬。

陽光會讓屍體的皮膚產生可怕的變化。皮膚會從屍體上滑落。我們把屍體抬起來時，表皮會與底下的皮層分離，從屍體脫落。在我們的排當中，後來有兩個人說他們沒辦法或不願意從事這種工作，於是離開了。其中一個人每天都會吃一盒感冒藥片，把自己能取得的感冒糖漿全部喝下肚，但這似乎只讓情況更糟。他曾被派去執行一場特別困難的任務，事發現場是一輛被炸毀的坦克車，除了履帶之外，所有部件都體無完膚，現場留下成千上萬的身體部位有待整理收集：手指、睪丸、耳朵和微小的組織碎片。就在那不久之後，我聽說他就因為身體狀況而救護送醫。

還有另一個比較難熬的例子，是在一個排的海軍陸戰隊隊員進行保全巡邏後發生的。巡邏結束之後，他們清點人數，發現有兩名隊員失蹤。調查之後，我們找出那個排的巡邏路線，然後出發去找人。在他們巡邏的一個路段，海軍陸戰隊隊員會沿著湖岸邊行走。海軍的潛水員陪同我們搜索，他們很快就找到這兩個人。屍體被拉出湖面時，他們已經沉在水底好一段時間。水讓屍體膨脹。其中一個人的遺體腫脹變形到我們無法把他放上擔架。他的脖子跟水腫的頭一樣寬，肚子跟水桶一樣向外凸，睪丸則是腫到跟哈密瓜一樣大。他的臉蒼白浮腫，皮層肥厚。不是胖，是厚。看起來很不真實。他看起來就像電影道具，厚厚、灰撲撲，像是蠟一般的皮膚，還有厚厚、發紫的嘴唇。我們目不轉睛盯著這兩具屍體，因為他們的身形已經徹底走樣、扭曲變形，而且也因為，因為他們其實看起來還是跟我們一樣。44

有一次，有幾位海軍陸戰隊隊員同時被殺。隊員帶著七八個裝滿屍體的屍袋回到地堡。我們鋪了幾個乾淨的屍袋，這樣才能將屍體整理分類。有時候屍體送到時會附上名牌；有時候其中一個人是拉丁裔美國人，這時我們就能分辨哪個屍體是白人的、哪個是拉丁裔的。我們試著將肉塊分開來。這真的很荒謬。我們打開屍袋的時候，裡頭除了水分都已經蒸發掉的肉塊之外，什麼都沒有。裝在裡面的並不是四隻手或整條腿。我們試著將肉泥均勻平分在各個袋子中。有一個屍袋最後才送來。我們把袋子打開，裡面裝滿人頭。我看了其中四顆，然後把視線移開。我們不僅要看著這些人頭，還要把頭撿起來搞清楚是屬於哪具屍體的。頭上的眼睛盯著我們瞧。在這個單位出任務的八個月內，我們看到各式各樣的場面，也努力去適應各種難熬的畫面。但是，人頭的畫面反而隨著時間推移，對我們造成更劇烈的影響。

某天晚上，她和皮內達被派去處理一具屍體。古德爾寫道：

那具屍體穿著軍服，身體很完整。他的雙手交疊在肚子上，我看著他的胸部，發現胸口還有呼吸起伏。我轉過身去，躲了起來。他沒死。他還沒死，我不知道該怎麼做。醫生說：「就等一下。」我問：「等一下？等什麼？」醫生說：「我們也沒有其他辦法，只能等。」我向皮內達抗議，「哪有人會等這種事？我們到底在等什麼？如果這位隊員是你的兄弟，我們還會等嗎？」皮內達跟我在那裡站了幾分鐘，但感覺上彷彿已過了好幾個小時，最後那名年輕人終於過世。我快步衝出地堡，我直接走出去，這對海軍陸戰隊隊員來說是禁忌。但我當時非常憤怒。我只是個孩子，兩三年前還在高中樂隊裡擔任薩克斯風手。[45]

第九章

遺體返家

卡洛斯・阿雷東多（Carlos Arredondo）是土生土長的哥斯大黎加人，他站在緬因州波特蘭市（Portland）一家假日酒店（Holiday Inn）的停車場中，旁邊停著他的綠色日產小貨車。貨車的車尾擋板往下放，車上載著一具披著國旗的棺材，上頭擺了他兒子亞歷山大・S・阿雷東多（Alexander S. Arredondo）准下士的照片，他是二○○四年在伊拉克陣亡的海軍陸戰隊隊員。這輛貨車和他拉著的一輛拖車，已經成為兒子的移動式聖壇。在捐款協助下，他開車環繞全美各地，喚醒民眾的同情以及對戰爭的敵意。這座移動式聖壇上有個白色的十字架，上頭寫著其他命喪戰場的男孩的姓名。戰鬥靴被釘在陳列架的一側。還有一輛輪椅被固定在駕駛座上方，上頭覆蓋著彩色緞帶。其中還可見亞歷山大的軍裝和靴子，以及海報大小的照片。照片中那位年輕的海軍陸戰隊隊員站在納傑夫（Najaf）街上，還有身穿正式海軍陸戰隊制服的肖像，以及躺在棺材裡、雙手戴白色手套的照片。貨車後方掛著一個金屬標誌，上面鑲了一顆金色星星，上頭寫著：美國海軍陸戰隊准下士亞歷山大・S・阿雷東多（USMC L/ CPL ALEXANDER S. ARREDONDO）。

「這就是美國某些家庭每週都要面對的事。」卡洛斯表示：「這就是戰爭的後果，也是政府不想讓人民看到的悲痛與痛苦。」

亞歷山大來自一個勞工階級的移民家庭，在二〇〇一年九月十一日的前一個月被引誘入伍。海軍陸戰隊的招募人員一如往常打著愛國主義的口號，保證亞歷山大會接受職業訓練、上大學，並成為一個男人。他們還提供一萬美元的簽約獎金。亞歷山大加入進軍伊拉克的海軍陸戰隊部隊。他父親每天收聽新聞報導，同時聽收音機和收看兩台電視，心思卻越來越紛亂。他說：「好幾天都沒聽到兒子的消息，這對父母來說負擔太重了，根本無法承受。」

二〇〇四年八月，亞歷山大回到伊拉克展開第二次出兵行動。在他打回家的最後一通電話中，他對父親說：「爸，我打給你是想說，你也知道我們已經打好多天了，我想告訴你我愛你，我不想要你忘記我。」父親回答：「我當然愛你，我也不想……我永遠不會忘記你。」家人收到的最後一則訊息，是他在那個時候傳的一封電郵，內容是：「上網看新聞。看新聞，告訴大家我愛他們。」

二十天後，八月二十五日，一輛美國政府的有蓋貨車停在卡洛斯位於佛羅里達州好萊塢的家門口。這天是卡洛斯的四十四歲生日，他正在等亞歷山大打電話回家祝他生日快樂。他說：「我看到那輛貨車，以為是亞歷山大要回家給我生日驚喜，或是他們要來招募我另一個兒子布萊恩。」

三位海軍陸戰隊官員從車裡出來，一人詢問：「你是卡洛斯．阿雷東多嗎？」他回答：「是。」

「很抱歉，我們是來通知你阿雷東多准下士的死訊。」其中一位軍官告訴他。亞歷山大是在伊拉克戰爭中被殺害的第九百六十八位士兵或海軍陸戰隊隊員。

「我試著在腦中消化這個資訊。」卡洛斯說：「我根本聽不見任何聲音。我記得當時身體的感覺，體內有一股血液湧上來。我覺得這是人生中最慘的事。這是我最怕的事。我沒辦法相信他們對我說的話。」

卡洛斯轉身跑進屋內找他母親，她正在廚房幫他做生日蛋糕。「我大聲哭喊：『媽媽！媽媽！他們跟我說亞歷山大被殺了！亞歷山大被殺了！他們殺了亞歷山大！他們殺了亞歷山大！』」他母親在悲痛中崩潰。卡洛斯走到客廳裡兒子的大照片前，把照片拿在手上。在接下來的二十分鐘內，卡洛斯數次要求海軍陸戰隊軍官離開，但他們拒絕，表示必須等待他的妻子。「我這麼做是在否認。我認為如果他們離開，這一切就不會發生。」悲痛欲絕到已經瘋魔的父親走進車庫，拿出五加侖的汽油和一個丙烷火炬。他走過三位身穿藍色制服的海軍陸戰隊軍官身旁，開始用錘子砸政府的貨車窗戶。

「我鑽進貨車。」他說：「把汽油倒在座位上。我把油倒在地板上跟油箱裡。那個時候，我在找我的兒子。我大聲喊著他的名字。我記得有一天，他就搭著這種貨車離開，但現在他已經不在。我毀了每樣東西。我感受到的痛苦，是我從戰爭中學到的痛苦。我當時只穿著襪子，沒穿鞋。我穿短褲。煙霧非常濃密，雖然我把窗戶打破，還是完全無法呼吸。」

卡洛斯走出貨車時，他點燃車內的丙烷火炬。一股大火「讓我從駕駛座彈出車外，掉到地上」。他的衣服著火，感覺「像有成千上萬支針刺進我身體」。他衝到對街、倒在草地上。他的母親跟在他後方，扯開他的襯衫和襪子，這些東西都著火了，而他嘶吼著：「媽媽！媽媽！我的腳在燃燒！我的腳燒起來了！」海軍陸戰隊軍官把他拖走，他還記得其中一個人說：「貨車要爆炸了！貨車要爆炸了！」貨車竄出一團火球，而他說湧動的熱空氣朝他席捲而來。海軍陸戰隊軍官叫了一輛消防車和一輛救護車。卡洛斯身上有百分之二十六的地方是二度或三度灼傷。我在波特蘭的停車場與他交談時，他讓我看腿上的燒傷疤痕。政府選擇不起訴他。

「兩天後我在醫院醒來，嘴裡插著管子。」他說：「他們把管子拔掉的時候，我說：『我想和我的兒子在一起。』有人告訴我說兒子已經死了。我變得非常激動。我一直說：『我想跟兒子在一起。』他們以為我想自殺。」

他沒有健保，醫療費用也很快就累積到了五萬五千美元。二〇〇四年九月二日，躺在擔架上的卡洛斯出席兒子的守靈儀式，地點位於麻薩諸塞州牙買加平原（Jamaica Plain）的羅傑斯殯儀館（Rodgers Funeral Home）。在身旁的人協助下，他從擔架上起身。來到兒子敞開的棺材邊，他親吻自己的孩子。「我抱著他的頭，當我把手放到他的後腦勺，摸到狙擊手子彈穿出來的那個大洞。」他說：「我爬進棺材，趴在兒子身上。我向他道歉，因為我沒有努力避免這件事發生。」

阿雷東多開始收集各種象徵兒子人生的物品。他把這些物品黏在卡車上。波士頓的一家殯儀館捐了一具棺材讓他展示。他開始參加反戰運動，有時還倒掛美國國旗以示悲痛。他帶著這座移動式聖壇來到華盛頓特區的商場和紐約時代廣場。他來到全國各地，用視覺呈現來向社會大眾展示死亡與悲傷。他在棺材裡擺放一些兒子小時候最愛的玩具和物品，比方說足球、一雙鞋、棒球和一隻小熊維尼。他堆砌的畫面所具有的力量，迫使圍觀者面對戰爭的本質是死亡的事實，這也激怒一些不想玷污戰爭的人。他兒子的墓碑被一些搞破壞的人毀損。

「我不說話。」他說：「我向大眾展示戰爭。我向他們展示他們不被允許看見的棺材。要是他們沒有親眼見證戰爭的後果，就不會有感覺。如果他們一點感受也沒有，就不會去關心。」

軍隊徵兵人員通常會在高中設辦公室，並且向亞歷山大這樣的年輕人下手。徵兵人員在他十六歲時第一次與他接觸。他們利用這些年輕人的不安全感、夢想以及經濟貧困的狀況。他們承諾會提供廣大社會不讓他們擁有的東西。那些拉丁裔和來自單親家庭的年輕人，比方說亞歷山大，特別容易被這種手段打動。軍方也曾與亞歷山大的兄弟布萊恩接觸。軍方說如果他入伍，就能獲得六萬美元的簽約獎金和超過二．七萬美元的高等教育費用。擬議的「未成年外國人發展、救助與教育法案」（The Development, Relief and Education for Alien Minors Act，或稱夢想法案 DREAM Act）旨在提供無合法身分文件的青年獲得公民身分的機會，條件是他們至少要上兩年大學或入伍並在軍隊服役。上大學對貧窮、教育程度通常較低、無合法身分文件，而且還不得領取聯邦派爾獎助學金（Pell Grants）的拉丁裔青年來說，通常是遙不可及的。軍方協助起草這項待定的法案，還為其進行遊說。

亞歷山大在最後一次談話中告訴卡洛斯，納傑夫戰況激烈。亞歷山大通常要求父親不要「忘記」他，但現在，在他生命的最後幾天，另一個詞取代了**忘記**。那就是**原**

諒。他覺得他父親不該原諒他在伊拉克的所作所為。他對父親說：「爸，我希望你為我所做的事感到驕傲。爸爸，不要原諒我。」這句話讓他父親困惑。「天啊……原諒你？……我愛你，你是我兒子，我很驕傲，你是我兒子。」

「我想，他死的時候，天啊，他已經殺了人。」卡洛斯在準備參加退役軍人和平組織（Veterans for Peace）發起的反戰遊行時低聲說：「他覺得內疚。如果他回到家，他的思想會被摧毀，心會被撕碎。殺人是不正常的。他們怎麼能這樣？他們怎麼能奪走我們的孩子？」

第十章

無法癒合的創傷

我飛到堪薩斯城（Kansas City）探視托馬斯．楊（Tomas Young）。托馬斯於二〇〇四年在伊拉克癱瘓。他正在家裡接受安寧照護。我是藉著他的名聲和電影紀錄片《戰爭之軀》（*Body of War*）知道他的。他是第一批站出來公開反對伊拉克戰爭的退役軍人。在身體惡化到無法行動之前，他卯盡全力抵制那場使他癱瘓的戰爭。

他打算死在自己位於堪薩斯城郊區的小房子裡。在那間屋子裡，他告訴我：「我一直在反覆思考自殺的事，因為我已經沒辦法照顧自己了。我沒辦法自己穿衣服，各種最基本的事都需要別人幫忙。我確定我不想再過這種生活。這種痛苦，還有挫折……」

他突然停下來，呼喚自己的妻子，「克勞蒂亞，可以拿些水給我嗎？」她開了一瓶水，先喝了一口，以免他喝的時候灑出來，然後把瓶子遞給他。

「我覺得自己已經走到盡頭。」這位三十三歲的退役軍人接著說：「我決定接受安寧療護，停止進食並且慢慢死去。相對於傳統的自殺然後立即死亡，安寧療護的方式能讓其他人有機會來探望我，或是打電話跟我道別。比起直接公告死訊，我覺得這樣對大家比較公平。二〇〇八年的缺氧性腦部損傷（楊罹患的病發症）之後，我的上半身動作變得笨拙無力。所以我也沒辦法舉槍自盡，就連打開藥瓶讓自己服藥過量也沒辦法。我唯一能想到的辦法，是請克勞蒂亞幫我把藥瓶打開，但我不想把她牽扯進來。」

「你做出這個決定之後，感覺怎麼樣？」

「我覺得鬆了一口氣。」他說：「這四年半的奮鬥終於結束了。假如我現在的狀態，跟拍攝《戰爭之軀》時一樣，是坐在手動輪椅上，能自己進食跟穿衣、從床上坐到輪椅上，你跟我就不會有現在這樣的對話。我現在就連重看那部紀錄片也辦不到，看到以前的樣子，再對照現在的模樣，我真的很難過……看到身體惡化成這樣，我決定最好現在就慢慢死去，而不是讓身體繼續退化。」

楊為了一場本來就不該開打的戰爭而殘廢。他因政客的謊言而殘廢。他為戰爭的獲益者殘廢。他為將軍的職涯殘廢。他的身體承受這一切。在巴格達、坎大哈（Kandahar）、柏夏瓦（Peshawar）、沃爾特・里德（Walter Reed）國家軍事醫療中心和俄羅斯與烏克蘭的醫院裡，還有數十萬具像他一樣的殘缺之軀。殘缺不全的身體與屍體、破碎的夢想、無盡的悲傷、背叛、企業利潤，這些是戰爭真正的產物。托馬斯・楊是他們不想讓你看見的戰爭面孔。

二〇〇四年四月四日，在伊拉克薩德爾城（Sadr City），托馬斯與另外二十名士兵一起擠在一輛兩噸半重的陸軍卡車後方。叛亂份子從上方朝卡車開火。他說：「就像在射擊桶子裡的鴨子一樣。一顆來自AK-47的子彈擊斷他的脊柱，第二顆子彈打碎他的膝蓋。起先他不曉得自己中槍。他覺得頭暈目眩，試著舉起自己的M16，卻無法從車床上把自己的步槍舉起來。這時他才知道問題大了。」

「我試著說：『我快癱瘓了，快朝我開槍。』但是我的肺已經塌陷，只傳出嘶啞的低語。」他說：「我知道這種傷害有多嚴重，我想要脫離苦海。」

他的班長羅伯．米爾頓伯格（Robert Miltenberger）上士彎腰告訴他一切都會沒事的。幾年後，托馬斯會看到一段米爾頓伯格哭泣的影像，影片中他描述自己當時對楊撒了什麼樣的謊。

「我試著聯繫他。」托馬斯說。留著紅色長髮和飄逸鬍鬚的他，看起來像是聖經中的先知。「我找不到他。我想告訴他一切都沒事。」

托馬斯已經在伊拉克待了五天。這是他第一次部署。受傷後，他被送往科威特的一家陸軍醫院。儘管現在已經失去作用的雙腿筆直地躺放在他面前，他感覺自己似乎還是盤腿坐在貨車的車床上。這種感覺持續了大約三週。這個奇怪而痛苦的開端，帶著他展開半身不遂的生活。那時起，他的身體就開始搞怪。他從科威特轉到德國蘭茨圖爾（Landstuhl）的美軍醫院，然後又轉到華盛頓特區的沃爾特・里德。他要求跟拉爾夫・納德（Ralph Nader）見面，納德跟菲爾・唐納修（Phil Donahue）一起到醫院探視他。一年前因公開反對戰爭而被MSNBC解雇的唐納修，後來與艾倫・斯皮羅（Ellen Spiro）一起拍攝二〇〇七年的紀錄片《戰爭之軀》，講述托馬斯每天與身體和情緒創傷抗爭的故事。在這部紀錄片中，他飽受頭暈目眩的折磨，不得不將頭放低到手掌上。由於無法控制體溫，他穿著一件放有冷凍凝膠插片的降溫夾克。他努力尋找勃起功能障礙的解決方法。他吞下一大把藥，治療神經痛的卡馬西平（carbamazepine）、抗凝血劑華法林（coumadin）、抗痙攣藥替札尼定（tizanidine）、另一種神經止痛藥加巴噴丁（gabapentin）、抗憂鬱劑安非他酮（bupropion）、用來治療早晨噁心的奧美拉唑（omeprazole）還有嗎啡。他母親必須將一根導尿管插進他的陰莖。他跟欣蒂・希恩（Cindy Sheehan）一起，在德州克勞福德（Crawford）的凱西營（Camp Casey）與伊拉克退役軍人反戰組織（Iraq Veterans Against the War）一起抗議，希恩的兒子也在伊拉克被殺。托馬斯的第一任妻子離開他。

「你知道嗎？你看到一個癱瘓的人坐在輪椅上，你會覺得他只是坐在輪椅上而已。」他在《戰爭之軀》中表示：「你不會想到其實身體內部也已經癱瘓。我沒辦法咳嗽，因為我的胃部肌肉癱瘓了，所以完全沒辦法用力咳嗽。我很容易尿道感染，還附帶很嚴重的勃起功能障礙。」

二〇〇八年三月初，他的右手臂出現血栓，那隻手臂上有個莫里斯・桑達克（Maurice Sendak）的《野獸國》（*Where the Wild Things Are*）中的人物彩色刺青。這個血栓使他的手臂腫脹。他被送往堪薩斯城退伍軍人事務部醫院（Kansas City Veterans Affairs hospital），院方替他注射抗凝血劑華法林後讓他出院。一個月後，醫院讓他停用華法林，不久後血栓就跑到他的肺部。他馬上出現嚴重的肺栓塞並陷入昏迷。他在醫院從昏迷中醒來時，幾乎沒辦法說話。他失去大部分上半身的活動能力和短期記憶，說話也含糊不清。

就在那時，他的腹部開始隱隱作痛。醫院不願意開麻醉劑給他，因為藥物會減緩消化速度，使腸道更難運作。托馬斯只能消化湯品與果凍。十一月，迫切希望能夠緩解疼痛的他將結腸切除。院方在他體內裝設一個結腸造口袋。疼痛消失了幾天，然後又轟然而至。他吞不下任何東西，連糊狀物也沒辦法，因為他的胃部開口已經縮小。醫生將他的胃擴張。他只能喝湯跟燕麥粥。這樣就夠了。

他說：「我和妻子的結婚紀念日過後，我就會把餵食管拔掉。」四月二十日，他在二〇一二的這天與克勞蒂亞結婚。「我之前結過一次婚，下場不怎麼好。離婚時兩個人已經撕破臉。起先，我以為我只會等我哥跟他老婆、姪女和爺爺奶奶來看我，但我人生中最想念的其實是我老婆。我想多花一點時間和她相處。我想和這個人一起度過一整年，然後不要再有前一段婚姻裡碰到的問題。我不知道等我停止進食之後，要多久才會自然死亡。如果時間太長，我可能會用一些方法來加速死亡。我有留了一瓶液態嗎啡。我可以把那瓶藥跟所有安眠藥一起吞下肚。」

托馬斯的房間漆成午夜藍，一面牆上掛著蝙蝠俠的大型剪影。他從小就喜歡這位超級英雄，因為「他是一位經歷可怕遭遇的普通人，想要拯救社會」。

托馬斯在九一一後立即從軍，前往阿富汗追捕攻擊事件的幕後黑手。他並不反對阿富汗戰爭。「事實上，假如我在阿富汗受傷，就不會有《戰爭之軀》這部電影。」他說。但他不理解為何會有人呼籲要入侵伊拉克。「日本人襲擊珍珠港時，我們也沒有因為中國人看起來像日本人就攻打中國。」

在喬治亞州的班寧堡接受基本訓練時，他對自己即將被部署到伊拉克感到越來越憂慮。他向營隊裡的醫生要求服用抗憂鬱劑。醫生說他必須先跟單位裡的牧師見面。牧師告訴他：「我想等你到了伊拉克並開始殺伊拉克人的時候，會變得比較快樂。」

「他的反應讓我嚇傻了。」托馬斯說。

他還沒決定骨灰該如何處理。他曾想過將骨灰埋進大麻田裡，但是又懷疑在這種田裡長出來的大麻是否有人願意抽。他確定在自己死後舉辦的追悼會上不會有神職人員。「大家只會在追悼會上追憶我的人生。」他說。

「我長時間坐在臥室裡，看電視或睡覺。」他說：「我發現——我不曉得這是不是我自己的決定——不管是獨處還是與人相處都很困難。這包含我老婆。我很少是快樂的。或許這是因為當我獨自一人，整個人就會被滿腦子的思緒佔據，但我的思緒陰暗又危險；跟其他人相處的時候，我又覺得自己好像得裝出一副快樂小士兵的模樣。」

身體狀態夠好的時候，他和克勞蒂亞一起聽有聲書，比方說艾爾・弗蘭肯（Al Franken）的諷刺著作《謊言和說謊的騙子》（*Lies and the Lying Liars Who Tell Them*）以及麥可・摩爾（Michael Moore）的《華氏九一一官方解讀》（*The Official Fahrenheit 9/11 Reader*）。他從前非常愛讀書，但現在已經沒辦法翻書頁了。他在《逆轉人生》（*The Untouchables*）這部法國片和電影《性福療程》（*The Sessions*）中得到一些慰藉。前者描述一位半身不遂者與照護者的故事，後者則是根據癱瘓詩人馬克・奧布賴恩（Mark O'Brien）的一篇散文改編而成。

坐在輪椅上的時候，托馬斯發現很多人會表現得好像他是智力殘疾者或甚至根本不在場。為了參加朋友婚禮去試穿燕尾服的時候，銷售員轉向他母親，當著他的面問她，他能不能穿公司的鞋子。

「我透過他雙眼的視角看電視，可以看到他其實是隱形人。」克勞蒂亞說。她站在客廳裡，丈夫則在臥室休息。她四周擺著一系列關於死亡、來世以及死去的書籍。「電視裡沒有人是生病的。沒有人有殘疾缺陷。也沒有人面臨死亡。在美國，死去是一件非常孤獨的事。」

「如果我當時知道我現在曉得的事，」托馬斯說：「我就不會去當兵。但我當年二十二歲，到處打零工、端盤子，在OfficeMax的複印部門上班。我的生活一點方向也沒有。九一一發生，我發現美國人被襲擊。我想有所反應，兩天後就報名入伍。我想成為一名戰地記者。我以為軍隊能協助我擺脫經濟貧困，我以為我能靠美國軍人權利法案去上學。」

托馬斯不是第一個被誘騙上戰場然後被無情拋棄的年輕人。他的故事已經被講述過很多次。這是《伊利亞德》（*The Iliad*）中赫克托爾（Hector）的故事；這是道爾頓・莊柏（Dalton Trumbo）一九三九年的小說《強尼上戰場》（*Johnny Got His Gun*）中敘事者喬・博納姆（Joe Bonham）的故事。他的手臂、腿和臉都被砲彈炸爛，他被困在毫無生氣的肉身殘骸之中。

博納姆在小說中反思：

> 他是未來，他是未來的完美寫照，而他們不敢讓任何人看見未來是什麼樣子。他們已經在展望未來，他們在盤算未來，在未來的某個地方，他們看見戰爭。為了打這場仗，他們需要人，如果人看見未來，就不會上戰場。因此，他們掩蓋未來，將未來當成一個柔和、安靜的致命祕密。他們知道，如果所有人民、所有小小人物都看到未來，就會開始問問題。他們會問問題，他們會找到答案，他們會對那些想要他們戰鬥的人說你們這群撒謊的爛人我們不會去打仗，我們不會死，我們會活著，我們是世界，我們是未來，我們不會任人宰殺，不管你們說什麼、不管你們發表什麼演說，不管你們打著什麼口號都一樣。[46]

對托馬斯來說，戰爭、傷口、癱瘓、輪椅、反戰遊行、離開他和沒有離開他的妻子、血栓、失去運動控制能力、話語不清、結腸造口術、植入胸腔的麻醉靜脈注射管、露出骨骼的開放式褥瘡、絕望——排山倒海而來的絕望，還有死亡的決定，全都歸結在一個女孩身上。艾萊克斯（Aleksus），他唯一的姪女。她不會記得自己的叔叔。但當他躺在光線昏暗的房裡，止痛藥流進那破碎的軀體時，他想到她。他不知道自己到底什麼時候會死。但是必須是在她兩歲生日之前，在六月。他不想讓自己的死亡玷污那天。

他請我幫忙寫最後一封信給喬治．W．布希和那些把他送上戰場的政客與將軍。他打算在二〇一三年三月，也就是在美國率兵入侵伊拉克行動的十週年之際公開那封信。他沒力氣握筆。我將他口述的內容抄寫成文字。他計畫透過切斷餵食管來自殺。這封信廣為流傳，也被翻譯成多種語言，信件公開後，托馬斯也改變了自殺的念頭。他決定要花更多時間和妻子克勞蒂亞相處。但他跟克勞蒂亞知道他來日無多。他們從堪薩斯城搬到奧勒岡州的波特蘭（Portland），然後又搬到西雅圖。二〇一四年十一月十日，托馬斯在那裡去世，享年三十四歲。

在托馬斯生命中的最後八個月，退伍軍人事務部降低他的止痛藥劑量，指控他已經藥物成癮。這個決定將他推進痛苦的荒野。托馬斯的生活成了一場與退伍軍人事務部的持久戰。他承受令人痛不欲生的「突發性疼痛」，醫院卻無動於衷。院方將他三十天的止痛藥供應量刪減到剩七天。要是藥物沒有按時送達，楊還不如乾脆被釘在十字架上。托馬斯死後，克勞蒂亞跟我通了幾封電郵。在其中一封信中，她提到某天丈夫在電話裡懇求退伍軍人事務部的醫生，他最後說：「所以你的意思是，在這種殘疾的狀態下，在痛苦中生活比死於止痛藥還要好？」她說到了晚上，他就會呻吟、哭出聲來。

「這是一場意志之戰。」克勞蒂亞在一封電子郵件中告訴我，「我們輸了。在波特蘭，我們把所有時間都花在試著取得我們需要的東西上，以便舒適、無痛地在家生活。這就是我們想要的，待在家裡，不要有痛苦，享受僅剩的時間。」

為了就近接受一家更好的脊髓損傷醫院治療，他們從波特蘭搬到西雅圖。另外，華盛頓州是大麻合法化的州之一，而楊大量使用大麻。

「上週我打電話到醫院，因為他的突發性疼痛在一天之內發生好幾次。」克勞蒂亞在一封電子郵件中寫道：「我用更多的嗎啡和蘿拉西泮。我這邊已經沒有藥了。他很能忍痛，但情況越來越糟。我打電話向醫生報告說情況快速惡化。我這邊沒有足夠的藥物讓他等到二十四號的看診。醫生很沒同情心。他擺出高姿態說，麻醉藥品的規範很嚴格。我說：『但我先生很痛苦，我該怎麼辦？』」

托馬斯試著服用夠多的安眠藥，好依靠睡眠忍過疼痛。但每次都要隔個幾天，他才有辦法休息一段比較長的時間。疼痛和疲憊開始撕裂他虛弱的身體。他萎靡不振，顯然變得更虛弱。他覺得很丟臉。

「或許這一切的忍耐把他搞得精疲力竭，所以他睡了最後一場覺，再也沒有醒來。」克勞蒂亞寫道：「我的結論是，忍痛忍到疲憊不堪的他，最後在痛苦中死去。星期一清晨，我以為他正在睡覺，我聽見一種從來沒聽過的沉默。我聽不見他的呼吸聲。我很害怕，但我已經知道了。我做的第一件事是把他身上所有管子跟袋子拔掉。我切斷餵食管，拿掉造口袋，把導尿管拔掉。我清潔他的身體，還放了音樂。我們一起抽最後一根大麻，我連他的份一起抽。我開始打電話。」

「殯儀館指示我打電話給警察。」她寫道：「他們抵達之後認為一切都沒問題，但因為他的年紀比較輕，他們必須將這個個案轉交給法醫。法醫來了。他認為因為托馬斯還很年輕，他們必須驗屍。我說：『請你看看他的身體，他身上被肢解的部位難道還不夠多嗎？你們還要進一步褻瀆他的身體嗎？』然後，法醫又把他的身體劃開。」

退伍軍人事務部打電話給她，要求她提供驗屍報告。

克勞蒂亞說，托馬斯最後的日子經常都是「無助且備受羞辱的」。

這是托馬斯的最後一封信：

致：喬治．W．布希和迪克．錢尼

發信人：托馬斯．楊

在伊拉克戰爭十週年之際，我代表伊拉克戰爭退役軍人夥伴寫這封信。我代表在伊拉克犧牲的四千四百八十八名士兵和海軍陸戰隊隊員寫這封信。我代表數十萬受傷的退役軍人，以及那些生活被身心創傷摧毀的人寫這封信。許多人傷勢嚴重，我是其中之一。二〇〇四年，我在薩德爾城的一次叛亂份子伏擊中受傷癱瘓。我的生命即將結束，目前正接受安寧照護。我代表失去配偶的丈夫和妻子、代表失去父母的孩子、代表失去兒女的父母，還代表照顧我那成千上萬名腦部受傷的退役軍人同胞的人寫這封信。我代表那些因為目睹、忍受和做過的事而飽受創傷、自我厭惡並因此自殺的退役軍人寫這封信，也代表那些平均每天都有一人自殺的現役軍人與海軍陸戰隊隊員寫這封信。我代表約一百萬名伊拉克死者和無數伊拉克傷員寫這封信。我代表所有人寫這封信——你們發動的戰爭所留下的人類殘渣，那些將在無盡的痛苦和悲傷中度過一生的人。

你們或許能躲過司法制裁，但在我們眼裡，你們每個人都犯了極惡的戰爭罪、掠奪罪，最後還有謀殺罪，包含謀殺成千上萬名美國青年、我的退役軍人夥伴。你們偷走他們的未來。

布希和錢尼先生，我寫這封信給你們，我的最後一封信。我之所以寫這封信，並不是因為我認為你們理解你們的謊言、操弄、對財富與權力的渴求帶來多麼可怕的人類與道德後果。我寫這封信是因為，在我離開這個世界之前，我和數十萬名退役軍人同胞，以及數百萬名美國同胞，還有伊拉克和中東地區的數億人，都完全知道你們是誰、你們做了什麼。你們可能會躲過法律制裁，但在我們眼裡，你們每個人都犯了極惡的戰爭罪、掠奪罪，最後還有謀殺罪，包含謀殺成千上萬名美國青年、我的退役軍人夥伴。你們偷走他們的未來。

你們的權威地位、你們數以百萬計的個人財富、你們的公關顧問、你們的特權還有權利，都無法掩蓋你們人格當中的虛為空洞。錢尼先生，在你逃避越南徵兵之後，還有布希先生，在你於國民警衛隊中擅離職守之後，你們把我們送到伊拉克戰鬥和送死。你們的懦弱和自私在幾十年前就已是事實。你們不願意為我們的國家冒險，卻像出門丟個垃圾那樣，不假思索地把幾十萬名青年男女送到一場毫無意義的戰爭中犧牲性命。

我是在九一一事件後兩天加入軍隊。我從軍是因為我們的國家遭到攻擊。我想回擊那些殺害了大約三千名美國同胞的人。我參軍不是為了去伊拉克，這個國家並沒有參與二〇〇一年九月的襲擊，也沒有對鄰國構成威脅，更沒有對美國構成威脅。我參軍不是為了「解放」伊拉克人，不是為了關閉杜撰出來的大規模毀滅性武器設施，也不是為了在巴格達和中東地區植入你們為了自身利益所主張的「民主」。我參軍並不是為了重建伊拉克，當時你們聲稱能用伊拉克的石油收入來支付重建費用。取而代之，這場戰爭使美國損失超過三兆美元。而且，我也不是為了要發動先發制人的戰爭而從軍。根據國際法，先發制人的戰爭是非法的。身為一名在伊拉克的士兵，我現在知道自己其實是在助長你們的愚行和罪行。伊拉克戰爭是美國史上最大的戰略錯誤。這場戰爭破壞中東地區的權力平衡，在巴格達建立一個腐敗殘暴的親伊朗政府，一個靠著動用酷刑、行刑隊和恐怖手段鞏固政權的政府。這場戰爭使伊朗成為該地區的主導力量。從道德、戰略、軍事和經濟等各層面來看，伊拉克都失敗了。而布希和錢尼先生，發動戰爭的人正是你們。你們必須承擔後果。

如果我在阿富汗與那些發動九一一攻擊的部隊作戰時受傷，我就不會寫這封信。如果我在那時受傷，仍然會因為身體惡化與迫在眉睫的死亡而痛苦，但至少我內心能感到安慰，因為我知道自己的傷是我決定保衛我所愛的國家的後果。我大可不必躺在床上、體內充滿止痛藥、生命一點一滴流逝，並且消化這樣的事實：為了石油公司的貪婪、為了讓你們與沙烏地阿拉伯的石油酋長結為盟友，還有為了你們對帝國的瘋狂幻想，成千上萬人，包含兒童、包含我自己，都被你們犧牲了。

我和許多其他殘疾的退役軍人一樣，痛苦地接受退伍軍人事務部不合格而且往往不稱職的護理。我與其他許多傷殘的退役軍人一樣，發現我們的精神與身體創傷對你們來說一點意義也沒有，或許對任何一位政客來說都毫無意義。我們被利用。我們遭到背叛。我們被拋棄了。你，布希先生，做了很多身為基督徒的偽裝。但撒謊不是一種罪嗎？謀殺不是罪嗎？偷竊和自私的野心不是罪嗎？我不是基督徒，但我相信基督徒的理想。我相信，你對你最小的弟兄所做的，最後也會回歸到你自己以及你的靈魂之上。

我的報應已經降臨，你的也會到來。我希望你會接受審判。但最重要的是，為了你們著想，我希望你們能找到道德勇氣，來面對你們對我和許多其他應該活著的人所做的事。我希望你們在離開這個世界之前，正如我的生命即將終結，你們能有骨氣站在美國公眾和世界面前乞求寬恕，尤其是在伊拉克人民面前。

第十一章

戰爭的陰影

工業化的戰爭能在一瞬間殺死數十甚至是數百人，而這些人根本看不見攻擊者。工業武器的威力是無差別、強大到令人震懾的。這些武器能在幾秒鐘內毀掉公寓大樓、掩埋和壓碎裡頭所有人。它們的力量足以拆毀村莊，讓坦克、飛機與船隻葬身火海。對倖存者來說，一輩子都得與嚴重的燒傷、失明、截肢，以及痛苦和創傷為伍。

在彼得．范．阿格梅爾（Peter van Agtmael）的《二度出兵：希望我不會死》（*2nd Tour Hope I Don't Die*）和洛瑞．格林克（Lori Grinker）的《戰後：來自衝突世界的退役軍人》（*Afterwar: Veterans From a World of Conflict*）這兩本戰爭影像書中，我們看到隱藏在公眾視野之外的戰爭照片。這些照片是陰影，因為只有那些參加戰爭和承受戰爭之苦的人，才能完全面對戰爭內在深處的恐怖；但這些照片至少試圖揭露戰爭的野蠻。

「一枚路邊炸彈擊中他的車輛、點燃油箱並將另外兩名士兵燒死，這名士兵九成以上的身體都被燒傷。」阿格梅爾的書中有一張士兵身體血肉模糊的照片，照片是在手術室拍攝，一旁的圖說這樣寫著。阿格梅爾還寫道：「病床上掛著迷彩服，迷彩服被直升機上的醫療人員撕開。他的皮膚已經剝落，剩下的部分呈現半透明。他的意識時有時無，雙眼勉強睜開幾秒。醫護人員將他從擔架抬到急診室病床上時，他大叫：

『爸爸，爸爸，爸爸，爸爸。』然後說：『讓我死，拜託讓我死。』急診室裡有另一位攝影師，他將相機靠在醫護人員的頭上，拍了一張俯角照片。士兵大喊：『把該死的相機拿開。』這是他說的最後一句話。六個月後的一個冬日下午，我去訪他的墳前。他死亡的畫面從未從我思緒裡消失。」[47]

「車內有三個人，吉普車著火了。」格林克在書中引用以色列士兵約西・阿迪提（Yossi Arditi）的話，他描述汽油彈在車內爆炸的場景：「油箱是滿的，馬上就要爆炸，我的皮膚懸掛在手臂和臉上，但頭還在。我知道沒有人能進來幫我，唯一的辦法是穿越燃燒的大火來到車門邊。我想要拿我的槍，但根本沒辦法碰槍，因為手在燃燒。」

阿迪提在醫院住了六個月。在接下來三年內，他每兩到三個月動一次手術，約莫二十次手術。

他說：「看到我的人，就會看見戰爭的真實情況。」[48]

關於戰爭的電影與攝影圖像，其實都少了戰場上令人心驚膽顫的恐懼、可怕的惡臭、震耳欲聾的噪音和疲憊感。這些圖像將戰鬥的主要因素，也就是混亂和失序，變成一種人造的戰爭敘事。他們將戰爭變成吸引與宣傳的手段。士兵與海軍陸戰隊隊員

（尤其是那些還沒親眼見過戰爭的軍人）會買一箱啤酒、坐下來看《前進高棉》（Platoon）這樣的電影。這些電影的本意是譴責戰爭，並在譴責的同時陶醉於戰爭卑劣的力量。

戰爭的紀實，如同這兩本書，就避開戰鬥的意象與場景，開始去捕捉戰爭的實際面。國家與新聞界是戰爭製造者的幫凶，而戰爭的效應是他們努力隱藏的事實。如果我們真的看見戰爭、了解戰爭對年輕人身心的影響，就更難接受戰爭的神話。如果我們必須俯視在阿富汗或烏克蘭被殺的學童殘缺不全的屍體、聽著他們父母的哀號，那關於解放阿富汗婦女或讓阿富汗以及烏克蘭人民自由的陳腔濫調就會變得不堪入耳。所以說，戰爭已經被徹底淨化過了。電視報導帶給觀眾伴隨武力而來的深層顫慄感，抹去子彈、坦克砲彈、鐵質破裂彈和砲彈的影響。我們嚐到了一點戰爭的興奮感，卻被保護起來，看不見戰爭的真實情況，其氣味、噪音、混亂，還有那排山倒海而來的恐懼……

在這場偉大的遊戲中，受傷、殘廢和死亡者被迅速推下舞台。他們是戰爭的渣滓。我們沒有看見他們，聽不見他們的聲音。他們注定像遊魂一般飄浮在我們意識的邊緣，遭到忽視甚至是謾罵。他們提供的訊息對我們來說過於刺耳。

在格林克的書中，在薩爾瓦多戰爭中失去雙腿的索爾．阿爾法羅（Saul Alfaro）談到他躺在軍醫院病床上時，女友第一次也是最後一次來探望他的經過。他說：「她曾是我在軍中的女友。我們打算結婚。但她在醫院看到我的時候，我不曉得到底發生了什麼事，但後來他們告訴我，她一看到我就開始哭。後來，她就跑了，再也沒回來。」[49]

只有盡職盡責配合國家交給他們的劇本演出的老兵，才會得到公開表揚與感謝；只有那些順從、形象陽光的軍人，那些我們能不帶恐懼直接凝視的軍人，那些願意配合戰爭是關於愛國主義和最高利益之謊言的軍人，才會被推出來讓大眾欣賞。我們應該說「謝謝你的服務」。他們被拿來延續英雄主義的想像。我們都慣於推崇英雄主義。

蓋瑞．祖斯潘（Gary Zuspann）住在德州的韋科（Waco），他生活在父母家中一個特殊的封閉環境裡。他患有波斯灣戰爭症候群（Gulf War syndrome）。他在格林克的書中提到，即便戰爭已經結束，他仍覺得自己是「一名戰俘」。

「他們基本上就是把我放在路邊，然後叫我照顧自己。」他在書中說：「我活在一個幻想中的世界，以為政府關心我們，但他們只照顧他們自己。我相信我的合約裡面有這條，如果士兵在戰爭服務期間致殘或受傷，就該得到照顧。現在我很氣。」[50]

替《紐約時報》報導戰爭後，我回到塞拉耶佛，發現數百名傷殘者被困在沒有電梯、沒有輪椅的公寓大樓房間裡。大多數是年輕人，許多人沒有四肢，並且由年邁的父母照顧。戰爭英雄被遺棄在此。

絕望和自殺主宰了倖存者的生活。戰後自殺的越戰退役軍人比在戰時被殺的人還多。戰爭時期鑽進士兵與海軍陸戰隊隊員性格中的野蠻特質，在和平時期將他們擊敗。這就是荷馬透過《伊利亞德》和《奧德賽》（*The Odyssey*）告訴我們的，前者是關於戰爭的偉大著作，後者則是探討職業殺手的漫長康復之路。許多人未曾重新調整生活。他們無法與妻子、孩子、父母或朋友進行情感交流，反而退回自我毀滅的麻木、痛苦與憤怒的個人地獄中。

「他們把你編程成一個沒有情感的人，比方說，如果坐你旁邊的人被殺了，你還是得繼續工作、把情緒關掉。」參加過福克蘭戰爭（Falklands War）的英國退役軍人史蒂夫・安那貝爾（Steve Annabell）對格林克說：「當你離開部隊，從那種環境回到社會，沒有任何按鈕可以讓他們把你的情緒重新打開。所以你像殭屍一樣走來走去。他們不會對你重新編程。如果你變成一個問題，他們只會把你掃到地毯下面。」

「為了讓你加入，他們做了各式各樣的廣告，比方說有人從山上滑雪下來，或是做一些偉大的事，但他們沒有揭示你會被槍擊、腿會被炸斷或是被燒死。」他說：「他們沒有向你展示真實發生的情況。那只是胡說八道。而他們從來沒有讓你做好準備。他們可以提供你應有盡有的培訓課程，但永遠不會符合真實狀況。」[51]

戰爭結束後，與退役軍人有最多共通點的往往是他們的戰友。

格林克在書中引用霍雷西歐・哈維爾・貝尼特斯（Horacio Javier Benitez）的話，霍雷西歐曾在福克蘭群島與英國人作戰。他表示：「經過戰爭洗禮後，人會永遠改變。那個被派去打仗的人，霍雷西歐，已經不在了。你很難對正常生活充滿熱情。太多事都顯得無足輕重。你會跟瘋狂還有憂鬱纏鬥。」

他用阿根廷人的說法來稱呼福克蘭群島，「許多在馬維納斯群島（Malvinas）服役的人都自殺了，我的很多朋友都自殺了。」[52]

在阿格梅爾捕捉的其中一張照片中，牆上有個塗鴉寫著：「我想念我的家人。請上帝寬恕我奪去的生命。如果我沒辦法回家，請讓我的家人幸福。」

在這個懇求的旁邊，有人朝這些文字畫了一個箭頭，並用粗黑的馬克筆寫著：「娘炮！」

第十二章
戰爭即神話

彼得・傑克森（Peter Jackson）執導的一戰紀錄片《他們不再老去》（*They Shall Not Grow Old*）將顆粒鮮明、不流暢的黑白檔案影像片段，奇蹟似地轉換為立體、彩色的現代動態視覺呈現，觀眾也被各種用來美化戰爭的陳腔濫調猛烈轟炸。退役軍人在背景音樂襯托下說著「我不可能會錯過這場戰爭」、「我會再次體驗戰爭，因為我很享受軍旅生活」，還有「戰爭讓我變成男人」等話。戰爭結束後，要找到願意說這些垃圾話的極少數退役軍人肯定不容易。軍旅生活是種奴役。長期暴露在戰鬥中讓人支離破碎，因創傷而終生傷痕累累，而且往往還會麻木不仁、無法與他人溝通。而且，戰爭根本不可能讓你變成男人。

演員威爾弗里德・勞森（Wilfrid Lawson）的經歷才是更普遍的情況。他在戰爭中受傷，頭骨裡裝了一塊金屬板。為了緩解持續不斷的疼痛，他大量飲酒。曾與他一起演出的提摩西・芬德利（Timothy Findley）在回憶錄《記憶深處》（*Inside Memory*）中回憶道，勞森「每天上床時都因為飲酒過量而昏沉遲鈍，晚上他會連做惡夢，經常在睡夢中大喊大叫，而且很常放聲尖叫，還會一直掙扎以擺脫捆綁他的床單跟陰影中令他備感威脅的形體」。他會敲打牆壁，喊著「救命！救命！救命！」勞森痛苦地低聲咕噥著：「那些噪音，天啊，還有那些人。」[53]

英國的戰時首相大衛・勞合喬治（David Lloyd George）在他的回憶錄中，用以下語言描述這場衝突：

永遠不會認錯的無盡的虛榮心……那些寧願百萬人滅亡，也不願以領導人的身分承認自己鑄下大錯……就連對自己承認也不願意。……狹隘與頑固的利己主義所招致的惡名，在人類歷來因洋洋自得所造成的災難當中，難以望其項背……處理不當的慘烈計畫……將軍下達令人不可置信的命令，而他們自己也不曉得實際執行這些命令後會招致什麼後果……這個瘋狂的行動……這個模糊混亂、愚蠢昏庸的投機行為。

支持傑克遜的電影的英國帝國戰爭博物館（The British Imperial War Museum）對戰爭的現實描繪一點興趣也沒有。戰爭或許野蠻、殘暴、艱苦。但根據神話，戰爭也是崇高、英勇、無私的。只有還沒參加過戰爭的人才會相信這種胡言亂語，而這正是傑克遜有辦法將戰爭動畫影像現代化的原因。

詩人齊格弗里德・沙遜（Siegfried Sassoon）在〈英雄〉（The Hero）中精準傳達戰爭的犬儒主義：

「傑克如願倒下。」母親說，
並將手中的信對摺。
「上校寫得真好。」疲憊的聲音中，
有個東西崩潰了。顫抖夾雜哽咽。
她半抬起頭。「身為母親，」
「我們真以死去的士兵為榮。」然後將臉低下。

軍官弟兄走來，
對可憐的老太太講述一英勇的謊言。
毫無疑問，這些謊言將滋養她一生。
因為當他咳嗽、喃喃自語，她虛弱的雙眼
已閃耀著溫柔的勝利之光、充滿喜悅。
因為他是如此勇敢，她光榮的男孩。
他想起「傑克」這個裹足不前、毫無用處的懦夫。

> 地雷爆炸那晚，他驚慌失措。
> 直接縮進戰壕；迫切渴望
> 能被送回家；而最後，他的死法
> 是被炸成細小的碎片。似乎沒人在乎。
> 除了那位孤獨的白髮女子。[54]

我們自己的將軍和政客，近二十年前發動美國史上最大的戰略失誤，在中東這個棘手的區域浪費了七兆美元。他們的自負與無能跟普丁不相上下。我們的戰爭影像，就像一戰的影像那樣被精心掌控、審查。雖然很少有人公開指認當前的衝突有多徒勞、簡直是人類大屠殺，但我們或許希望能在一世紀後正視一戰的自殺式白癡行徑。利昂・沃爾夫（Leon Wolff）在《在法蘭德斯戰場：一九一七年戰役》（*In Flanders Fields: The 1917 Campaign*）中提到一次世界大戰：

> 這場戰爭沒有任何意義，沒有解決任何問題，也沒有證明任何事情；但這場戰爭

導致八百五十三萬八千三百一十五人死亡，兩千一百二十一萬九千四百五十二人受到不同程度的傷害。在被俘或失蹤的七百七十五萬九百一十九人中，有一百多萬人後來被推定死亡；因此，死亡總數（不包含平民）接近一千萬。人類領導人的道德與精神缺陷已經得到確鑿無疑的證明。其中一位（伍德羅．威爾遜〔Woodrow Wilson〕）後來承認發動戰爭是為了商業利益；另一位（大衛．勞合喬治）曾對新聞記者說：「如果民眾真的知道，戰爭明天就會停止，但他們當然不知道，也不可能知道。記者不會寫，審查制度也不會傳遞真相。」

針對英國總參謀部的極端愚蠢，傑克遜的電影隻字未提：他們將數十萬名勞工階級的英國人——電影中，他們對著鏡頭咧嘴笑、露出腐爛的牙齒——一波接著一波、每週每月地送到德國機槍面前，要不是去送死就是負傷而歸。電影也沒有認真探討政府祭出的強硬審查制度，這種審查制度向社會公眾隱瞞戰爭的實情，使新聞媒體成為戰爭販子的代言人。電影也沒有抽絲剝繭分析國家如何利用戰爭，來作為剝奪公民自由的藉口，而這種手段如今依舊存在。電影沒有揭露武器製造商和承包商賺取的巨額財富，也沒有關注戰爭如何使英國背負龐大債務，因為與戰爭相關的成本總額佔國民生產毛額總值的七成。沒錯，觀眾確實看見一些經數位轉換成彩色畫面的可怕傷口照片；對，我們聽到老鼠啃食屍體的聲音。但紀錄片中的戰爭經過精心安排調度，沒有震耳欲聾的聲響、令人厭惡的氣味，而且也沒有那些使戰場變成可怕惡夢、令人窒息的恐懼與恐怖。我們瞥見屍體，但導演沒有用長鏡頭拍攝傷勢嚴重、慢慢死去的痛苦。這種經過消毒的影像堆疊出來的只是戰爭爽片。這些照片不再是生硬、顆粒鮮明的影像，而是經過彩色處理的立體動態，讓古老、氣勢磅礴的戰爭影像展現當代風貌。

「當戰事沒有那麼激烈的時候，在前線真的相當有趣。」一位老兵在影片中說：「很像是在戶外營地度假，帶有一點危險的氛圍，所以就更有意思。」

這樣平淡的評論主導國內對戰爭的看法。將戰爭視為「一種戶外營地度假活動」的平民，與經歷過戰爭的人產生衝突，導致無法弭平的鴻溝。詩人查爾斯·索利（Charles Sorley）寫道：「我真想殺了那些應該對戰爭負起最大責任的人。」[55]新聞工作者菲利普·吉布斯（Philip Gibbs）指出，士兵對相信謊言的平民深惡痛絕。「他們憎恨街上微笑的婦女，他們厭惡那些老人……他們希望從中得取利益者死於毒氣。他們向上帝祈禱，希望德國人能將齊柏林飛船開到英國，讓人民知道戰爭到底意味著什麼。」[56]

戰爭是不可能被習慣的。每一位參與戰鬥的人最後都會被逼到極限，不管是最敏感、最膽小的士兵，到最辛苦奮戰的老兵都是。戰鬥是一種身心折磨。一旦崩潰，就像我在科索沃最後一次報導戰爭時經歷的那樣，所有訴諸責任、榮譽、愛國主義和男子氣概的說法都沒用。

軍事研究已經證實，在連續作戰六十天後，百分之九十八的倖存者會罹患精神疾病。那百分之二能忍受繼續作戰的人有一個共同點，就是都有「攻擊性精神病態人格」的傾向。大衛．格羅斯曼（David Grossman）中校寫道：「在持續性、無可逃脫的戰鬥中，有些東西會使百分之九十八的人發瘋，而另外百分之二的人在上戰場前就瘋了。這種說法一點也不為過。」[57]

美國社會中的軍事派系與他們在一次世界大戰時一樣無所不能。戰爭和軍國主義的象徵，無論是彼時還是此時，都有一種準宗教的光環。美國那些無能的將軍，比方說大衛．裴卓斯（David Petraeus），他的突擊行動只讓伊拉克戰爭拉得更長、提高傷亡人數，而他在敘利亞武裝「溫和」叛軍的想法也是一場災難。這些無能的將軍就像蠢笨虛榮的英國參謀總長道格拉斯．黑格（Douglas Haig）一樣受人崇拜。在一場防禦已經升格到機械化，但攻擊仍未機械化的戰爭中，黑格拒絕使用坦克、飛機和機槍等創新武器，他認為這些武器都「被高估了」。他相信騎兵能發揮關鍵效用、贏得戰爭。在索姆河戰役（Battle of the Somme）中，在黑格的管理監督之下，軍隊在一九一六年七月一日的進攻首日，傷亡人數就來到六萬。他的所有軍事目標都沒有達成。兩萬人死於戰線之間，傷員們呼喊數日，但這都沒有澆熄黑格犧牲旗下士兵的狂熱。他決心完成自己的計畫，也就是突破德軍防線，派出三個師的騎兵部隊去追殺逃跑的敵人。在他的命令之下，這一波波的攻勢持續了四個月，直到冬天使他無法繼續為止。黑格完成任務時，陸軍總計已有四十多萬人傷亡，而且還一無所獲。E・T・F・桑迪斯（E. T. F. Sandys）中校在索姆河戰役的第一天就發現自己的士兵有五百人傷亡，而在兩個月後他寫道：「七月一日以來，我從未有過片刻的安寧。」然後他在倫敦的一間飯店房間內舉槍自盡。喬・薩科（Joe Sacco）的繪本《偉大的戰爭》（*The Great War*）是一幅二十四英尺長、沒有文字的全景圖。這本書描繪索姆河戰役的首日，並在最後一頁細緻刻畫大規模埋葬的場面。這部繪本揭露的戰爭恐怖真相，遠比傑克遜精心修復的老電影還多出許多。

在索姆河戰役中被毒死的軍事歷史學家B・H・李德哈特（B. H. Liddell Hart）

在日記中寫道：「他（指黑格）是個極度自私自利、毫無顧忌的人，他為了自己過度膨脹的野心犧牲了數十萬人。他甚至背叛自己最忠實的助手，也背叛他服務的政府。他為了達到目的，不只會使出不道德的詭計，還做出各種犯罪行為。」[58]

美國律師哈羅德·夏皮羅（Harold Shapiro）在一戰後代表一名殘疾退役軍人檢查軍隊的醫療紀錄。這些紀錄揭露的現實與公眾對戰爭的誤解令他震驚。他寫道，那些醫學描述讓「我發現自己以前讀到跟聽到的東西，要不是虛構的，就是單一個人的回憶、模糊的概括，或是刻意的宣傳。」[59]他在一九三七年出版《每個年輕人都應該知道的戰爭事實》（*What Every Young Man Should Know About War*）。這本書在美國加入二戰時被停止發行，再也沒有重新出版。這本書是我在撰寫《每個人都應該知道的戰爭事實》（*What Every Person Should Know About War*）時的範本，該書也借鑑了醫學、心理學和軍事方面對戰鬥影響的研究。

夏皮羅在〈心理反應〉（Mental Reactions）一章中寫道：

問：我用刀刺中敵人的臉之後，可能會出現什麼情況？

答：你可能會出現歇斯底里的抽筋——快速、突然、驟發的面部肌肉痙攣。

問：我用刺刀刺中敵人腹部後會出現什麼情況？

答：你腹部的肌肉可能會攣縮。

問：如果我覺得傷員的哭聲難以忍受，會發生什麼情況？

答：你可能會罹患癔病性耳聾。

問：如果我被派去掩埋屍體，可能會發生什麼情況？

答：你可能會喪失嗅覺。60

替《每個人都應該知道的戰爭事實》這本書做研究時，我從「軍醫處軍事醫學教科書」（Office of the Surgeon General's Textbook of Military Medicine）中讀到一段，是關於如何照管暴露於致命劑量之核輻射的部隊。這段話是這樣說的：

暴露在劑量致命之輻射中的士兵，應盡一切可能接受包括麻醉劑在內的緩和治療，藉此延長他們的有用性、減輕他們的身心痛苦。根據致命輻射量之差異，這類士兵可能還有幾週的存活時間能投入戰事。指揮官和醫務人員應根據士兵開始嘔吐的時間點，學會判斷其生存時間。醫生應做好準備給予藥物來緩解腹瀉，並預防感染和其他輻射不適的後遺症。軍方應當允許士兵為戰爭做出充分的貢獻。他已經做出最後犧牲，應該要有機會能夠反擊，而且是在將生理不適壓到最低的情況下來反擊。[61]

德國和平主義者恩斯特・弗里德里希（Ernst Friedrich）在一九二四年出版的《反戰之戰》（*WAR Against WAR!*）當中收錄兩百張照片，這些影像包含令人毛骨悚然的傷口、堆疊在亂葬岡中的屍體、接受絞刑與處決的逃兵（他們的家人被告知說他們「因傷逝世」），以及各種被刻意掩蓋的戰場暴行。他將這些圖像與將戰役浪漫化的政宣素材並置。他拍了二十四張士兵的特寫照，這些士兵因為臉上有各種奇形怪狀的傷口而徹底毀容。這些照片至今仍讓人不忍直視。弗里德里希在一九三三年納粹上台後被捕，他的書遭禁，他開設的反戰博物館也被迫關閉。他書中有張照片，照片裡是一名死在戰壕、近乎全裸的士兵。照片旁的文字寫著：「母親們！這就是你們的兒子在戰爭中的命運；先是被謀殺，然後被掠奪到衣不蔽體，最後被當成動物的食物。」[62]

誠實審視過往的戰爭，我們才得以理解當前的衝突。但這是一場艱鉅的戰爭。公眾被灌輸神話，並渴望神話降臨。神話讓人覺得自己充滿力量、變得崇高神聖；它頌揚所謂的民族美德與軍事能力；它讓被孤立的族群覺得自己是國家集體的一份子，覺得自己共同參與這場崇高的爭戰。對武器裝備之破壞力的推崇與讚揚，讓我們覺得自己掌握強大的力量。所有戰爭，無論是過去還是現在，實際上都籠罩在這個神話中。譴責一次世界大戰浪費資源、屠殺生命的人會在大街上遭人訕笑，比方說前任工黨（Independent Labour Party）黨魁克亞爾・哈第（Keir Hardie）。亞當・霍奇契德（Adam Hochschild）的著作《終結所有戰爭》（*To End All Wars*）詳述和平主義者、少數記者和異議份子在戰爭期間為了揭露真相進行哪些抗爭與搏鬥。他們被嘲笑、被噤聲，而且常常被關進監獄。

二戰退役軍人傑西・格倫・格雷（J. Glenn Gray）在《戰士：針對沙場士兵之反思》（*The Warriors: Reflections on Men in Battle*）一書中寫道：「我們當中很少有人能堅守真正的自我，去揭開關於我們自己以及我們依附的這個旋轉中的地球的重大真相。對戰爭中的人來說尤其如此。當我們進入戰神的領域，偉大的戰神試著使我們盲目蒙昧；當我們離開，他慷慨給我們一杯遺忘河[譯注1]的河水。」[63]

傑克遜以一首關於招妓的軍隊歌謠來結束這部電影，歌詞是：「你可能會忘記毒氣和砲彈，但絕不可能把小姐忘掉！這樣好像太俏皮了，你說呢？」

成千上萬的女孩和婦女，面臨兄弟、父親、兒子和丈夫都喪命或殘廢的事實，住家還經常被摧毀，因而變得一貧如洗、無家可歸。她們很容易會被專為士兵服務的皮條客盯上，或是成為妓院的獵物，其中包含軍隊經營的妓院。躺在草蓆上，每天被多達六十位男子強姦，除非你是強姦者，否則這一點也不俏皮。

幸好所有參與戰爭的人都死了，不然他們會發現這部電影又是另一個畸形的謊言，這個謊言否認他們的現實、忽視或淡化他們的苦難，而且還不向那些執行戰爭的軍國主義者、野心家、投機商和蠢蛋追究責任。戰爭是技術社會存在的理由。戰爭釋放出惡魔。而無論是當時或現在，那些從這些惡魔中獲利的人，都致力於將惡魔隱藏起來。

譯注1：遺忘河（Lethe）為希臘神話中的河流，位於冥界。亡者來到冥界後必須喝下此河之水，忘記人世間的一切。

第十三章

戰爭紀念館

戰爭紀念館和博物館是戰神的殿堂。壓低的語音、修剪整齊的草坪、飄揚的旗幟，這些都讓我們忽略了年輕士兵是如何以及為什麼而死。戰爭紀念館掩蓋戰爭的虛無和浪費。野蠻的死亡工具將年輕士兵和海軍陸戰隊隊員變成殺手，把越南、阿富汗或伊拉克的小村莊變成地獄般的篝火，但戰爭紀念館使這種戰爭工具變得神聖不可侵犯。在這些紀念館中，我們看不到肚破腸流、可憐呼喊母親的男男女女的影像；我們看不見被塞進屍袋、殘缺不全的屍體；我們看不見被燒得面目全非或是在慘烈痛苦中呻吟的兒童；也看不見失明者或殘缺不全的畸形人體在生命中跛行的畫面。

戰爭紀念館和博物館、戰爭電影與書籍，都提供了心理影像和扭曲的歷史參考，替新的戰爭辯護。我們永遠在拯救雷恩大兵；我們認為自己是永恆的解放者。這些脫離現實的戰爭意象，根據現在的情況重新捏造過去的事實。戰爭紀念館和電影中針對戰爭的浪漫描述，都是社會和道德的道具，目的是用來替發動新的戰爭創造適切的心理條件。

戰爭紀念館是安靜、靜默、令人敬畏，以及有品味的存在。而且就跟教堂一樣，這樣的聖所非常重要，但它們也讓民眾忘記這些男人和女人被帶領國家進入戰爭的人所利用，而且還經常遭到背叛。戰爭紀念館沒有告訴我們，有些人總是從大規模的人類苦難中賺取財富。它們沒有說明政客其實在大規模操弄整個世界的權力，為了個人前景與發展而煽動恐懼。它們忘記了身穿制服的年輕男女是犬儒主義者的棋子。它們掩蓋了戰爭主宰者的無知、赤裸的野心以及貪婪。

在圍繞著二戰和大屠殺所發展出來的集體記憶中，我們能看見一種將工業化屠殺，變成向人類精神勝利致敬的渴望。現實令人難以下嚥。人類需要讓屠殺變得有意義，賦予它原本其實不具備的偉大意涵。

奧斯威辛集中營的倖存者普里莫·萊維（Primo Levi）自殺前，一直在與集體記憶的虛偽鬥爭。有些人用虛假、講道德的論述來扭曲大屠殺與戰爭的事實，他大力抨擊這種行徑。他寫道，第三帝國（the Third Reich）的當代歷史可以被「重新解讀為一場針對記憶的戰爭，一種針對記憶的歐威爾式偽造、對現實的偽造，以及對現實的否定」。[64]他想知道，「我們這些回來的人」是否「能夠理解並且讓別人理解我們的經歷？」[65]提到代表納粹管理羅茲猶太區（Lodz）的猶太合作者哈伊姆·盧特考斯基（Chaim Rumkowski），他寫道：「盧特考斯基是我們的寫照，他那模稜兩可的特性我們也有，那是我們的第二天性，我們是由肉體與精神塑造出來的混合體。他的狂熱也是我們的狂熱，那是一種西方文明的狂熱，『搭配著號角與鼓聲下陷至地獄』，而其粗鄙的裝飾物，就是我們社會威望之符號的扭曲形象。」我們跟盧特考斯基一樣，「逐漸接受權力，忘記我們都身在猶太區、忘記猶太區已經被圍困起來、忘記區外已由死亡的領主所統治，也忘記火車正在不遠處等待。」66

試圖描繪戰爭現實的戰爭紀念館實在是太煽動顛覆了。這樣的紀念館會譴責我們以及我們作惡的能力；它將表明人類在擺脫束縛後，會沉醉於大規模殺戮；它會告訴我們，慶祝國家的偉大，就是慶祝我們的殺戮技術能力；它會警告我們，戰爭在道德上永遠是墮落的，即使在諸如二戰這樣的「好」戰爭中，所有人都可能成為戰爭罪犯。我們在廣島和長崎投放原子彈。但這種戰爭論述令人不安，它沒有創造出那種能替發動戰爭者之利益服務的集體記憶；它不允許我們沉浸在自我陶醉中。有些時候，某個民族會被推進戰爭當中，二次世界大戰以及塞族對波士尼亞的攻擊就是例證；有些時候，一個國家為了生存必須飲用暴力的毒藥。但這種暴力往往會讓使用它的人變形和致殘。

老舊的大砲和火砲會被推出來陳列在紀念館附近，而在我童年時期，戰爭的殘渣是誘人且令人好奇的物件。不過這些陳列品激怒了我父親，他是一位長老會牧師，二戰期間曾在北非擔任陸軍中士。他說這些毫無生氣、乾淨整潔的武器和穿制服的人偶，都被拿來淨化戰爭的現實。這些紀念館將戰爭推上神聖的地位。他們將暴力的工具，比方說坦克、機槍、步槍和飛機，變成一種死亡的美學。

這些紀念館讓屠殺變得有尊嚴。它們讓國家為下一個地獄做好準備。戰爭的神話製造出一種集體記憶，讓戰爭變得崇高神聖。那些關於暴力的私密個人經歷很少有人願意聆聽，從戰爭歸來的人也因而成為社會內部的流亡者。

我去到全美各地大型神殿的其中一座，美國人民會在這些神殿中慶祝我們的國家宗教。我造訪的神殿是波士頓的芬威球場（Fenway Park）。我參加的國慶禮拜活動——紅襪隊（Red Sox）對上巴爾的摩金鶯（Baltimore Orioles）——因為熱帶風暴亞瑟（Tropical Storm Arthur）而延後一日。群眾在球場唱起星條旗之歌（The Star-Spangled Banner）時，一面巨大的美國國旗降下，把綠色怪物（Green Monster）蓋住，也就是左外野那道高超過三十七英尺的牆。愛國歌曲的樂音從擴音器傳出。麻州漢斯康姆空軍基地（Hanscom Air Force Base）第六十六空軍基地群指揮官萊斯特·A·韋拉赫（Lester A. Weilacher）上校身穿淺藍色空軍短袖襯衫和深藍色長褲，他投出隆重的第一球。左外野牆邊站了一排空軍人員。通常會在國慶日當天從球場上空呼嘯而過的戰鬥機——我們的死亡天使——並未出現。不過，九十三歲的二戰老兵費爾納德·弗雷謝特（Fernard Frechette）的臉，出現在終場座位上方三十八乘一百英尺的巨型銀幕上，這是芬威球場「向英雄致敬」計畫的其中一環，該計畫會在每場比賽中向退役軍人或現役軍人致敬。群眾起立鼓掌。陸軍國民警衛隊中士班·阿諾德（Ben Arnold）在前一場於週三舉行的比賽中受到表揚。阿諾德說他最喜歡的紅襪隊隊員是麥克·拿坡里（Mike Napoli）。曾在阿富汗作戰的阿諾德年薪約兩萬七千美元。拿坡里的年收入是一千六百萬美元。紅襪隊老闆每年淨賺約六千萬美元。

在美國各地運動場上重複搬演的虔誠敬拜儀式，被用來替國家超額的戰爭預算和永無止境的戰爭辯護。學校和圖書館一間間關閉；失業率和就業不足率的問題存在已久；我們的基礎建設破敗不堪；我們在中東戰爭中浪費了七兆美元，但軍隊仍像耶穌一樣不可動搖，或者，對那些持有芬威球場紅襪隊球賽季票的人來說是如此。軍隊是愛國主義的寶庫。政府官員都不敢批評軍隊，也不敢挑戰軍隊動用國家五成以上可支配支出的神聖權利。雖然我們可能不信任政府，但在美國人扭曲的思維邏輯中，軍隊在某種程度上是與政府無關的。

在軍事化的社會中，戰爭英雄就等同於運動英雄。政府將戰爭包裝成一種高尚的遊戲，推銷給容易受騙的公眾。很少人具有能參加職業運動的運動能力，但幾乎任何一位年輕男女都能去找招募人員，報名成為軍事英雄。軍隊與棒球的結合，搭配在球場綠色鐵柱上的銀幕當中，間斷播放的徵兵廣告，堆砌出這種幻覺：從軍入伍吧！你會成為專業團隊的一份子。我們會在芬威球場的巨型銀幕上展示你穿制服的照片。你會成為跟麥克．拿坡里一樣的英雄。

三萬七千名左右的觀眾，每人平均支付七十塊美金的門票，盡忠職守地對著國旗和死亡與戰爭的工具唱著讚美之歌，包含七局中的〈天佑美國〉（God Bless America）。諷刺的是，他們稱頌讚美的這台軍事機器，也會對球場內的所有人進行全面監控，並根據國防授權法案（National Defense Authorization Act），有權利抓走看台上的任何一個人，將其無限期關押在軍事設施中。沒有人提到針對美國公民的定點暗殺、殺戮名單，或是那些在戰爭中失去性命或殘廢的人。每次提到軍隊，群眾都會發出支持贊同的吼聲。

戰爭不是運動。戰爭是殺戮，是骯髒、混亂且令人頹喪崩潰的。士兵的酬勞很低，工作條件極端惡劣。從戰爭回來的人通常會被拋棄。那些死於等待退役軍人事務部醫院提供醫療服務的老兵，如果還活著的話，就有辦法解釋一位年薪數百萬元的棒球明星，和一位從伊拉克或阿富汗返家的准下士有何區別。

所有宗教都需要紀念物。舊制服、球棒、球、手套和帽子被保存在棒球名人堂中，如同教堂裡聖徒的骨頭。在紐約庫珀斯敦（Cooperstown）的那座博物館裡，在通往三樓陳列室的路上，會經過展示各種棒球紀念物的玻璃櫃，而三樓陳列室外則寫著「聖地：飽覽過去與現在的球場，此展覽帶您了解美國的棒球賽事大教堂」。在棒球場中，各隊展示他們隊上巨人的雕像——芬威球場外就有一座左外野手泰德．威廉斯（Ted Williams）的雕像。民眾為這些不朽偉人使用過的物品支付數萬美元。一件一九六八年的米奇．曼托（Mickey Mantle）球衣在拍賣會上以二十萬一千四百五十美元售出。球隊的細節小事和統計數據被保存下來，就像寺院保存聖徒的生死細節一樣。榮耀與失敗的史詩級故事被銘刻在永久的紀錄中。軍隊運用球隊對球迷來說具有的神聖地位，巧妙將自己神格化。

在球場內體驗到的集體狂喜，讓許多焦慮的美國人得到他們所渴望的。當美國多數傳統宗教禮拜場所在安息日當天乏人問津的同時，民眾集體湧向體育的殿堂。擠在球場裡的人覺得他們和周遭群眾似乎說著同樣的語言。他們認為球場中的大家是個實體，而且他們都恨同一個敵人。穿著紐約洋基隊的球衣走過芬威球場就會受到辱罵。如果你是聰明人，比賽結束後，絕對不要在球場外的酒吧裡被人認出你是洋基球迷。

對歸屬感的渴望，尤其是在一個許多人已經失去立足點與身分認同的社會，巧妙地被職業體育和軍事機器所滿足。許多體育愛好者在比賽結束後回到前途茫茫的工作崗位，或者沒有工作、背負鉅額債務，必須面對黯淡的未來。難怪芬威球場的祈求者會拿出這麼大一筆錢，讓自己沉浸在這個幻想氛圍中好幾個小時；也難怪民眾難以區分遊戲的幻想與軍隊的幻想。軍隊和海軍陸戰隊的生活，開始看起來像是在芬威球場度過幾年時間那樣。這就說明為何軍隊花這麼多錢贊助體育賽事。那個星期六，在兩局之間，我頭頂的銀幕上閃過名為「美國陸軍介紹最佳新人」的片段，介紹幾位前途光明的球員。徵兵廣告每隔一段時間就會出現，還有無所不在的「發現更強大的未來。軍力強盛，富國強兵」標語。美國國防部每年花約五十億美元來招募軍人、打廣告、做公關，並且採取心理戰略。而這些行動大多是針對職業運動賽事的受眾。

二十世紀初，西維吉尼亞南部的煤炭公司老闆發現，只要資助當地棒球隊，勞工的團結程度就會下降。城鎮以及煤礦營地的民眾會以各自的隊伍為營。勞工會依據對球隊的忠誠度來彼此區隔。體育競賽變成個人競賽。業主興高采烈地利用這些球隊，進一步瓦解勞工團體的運動。而在今天，這種卑鄙的邏輯也別無二致。棒球隊的球員被用來提振盲目的區域性沙文主義和虛假的歸屬感與賦權感。球迷在這些精心編排的場面上投入的財務、情感與思想能量，讓觀眾處於乖順溫馴、易受控制的狀態。

《波士頓環球報》（*The Boston Globe*）和奈特・里德報業（Knight Ridder）在二〇〇五年報導，波士頓紅襪隊的少數合夥人菲利普・H・莫斯（Phillip H. Morse）將他的私人飛機包給中央情報局，中情局用這架飛機將恐怖攻擊嫌疑人直接從中東和歐洲運送到關塔那摩灣拘押中心（Guantánamo Bay）。根據奈特・里德報導，二〇〇三年二月十八日，有人在開羅目擊這架飛機。前一天，米蘭的伊瑪目哈桑・穆斯塔法・奧薩瑪・納斯（Hassan Mustafa Osama Nas，又稱為阿布・奧瑪〔Abu Omar〕），在米蘭的一條街道上被中情局和義大利的軍事情報安全局綁架。然後，他被暗中送往埃及。我們幾乎能確定那次飛行使用的飛機就是莫斯的飛機。據稱，那位伊瑪目在埃及政府管理的一座「黑牢」中遭到毆打和酷刑。根據《波士頓環球報》報導，那架灣流航太（Gulfstream）製造的飛機租金每小時為五千三百六十五美元。據此計算，一天二十四小時的租金為十二萬八千七百六十美元，或每週約九十萬美元。就連紅襪隊收入最高的球星也沒賺這麼多。

使用莫斯的飛機來執行特殊引渡，揭露了職業運動界的黑暗面，顯示他們是如何被寡頭政治家和軍方利用來操縱並控制我們。一般來說，可在機身上看到的紅襪隊標誌不見了。不過在任何情況下，伊瑪目都不會看到這個標誌，因為他的頭會被頭套罩住。伊瑪目跟我們其他人的唯一區別是，我們不需要眼罩。

第十四章

英雄的黃金時代

在參加一八六三年七月蓋茨堡（Gettysburg）戰役的三兄弟當中，其中一人是我的祖先。克拉克．S．愛德華茲（Clark S. Edwards）是一名聯邦將軍；亞伯特．M．愛德華茲（Albert M. Edwards）是菁英鐵旅的上校，國會在二〇一八年投票決定授予他追授的榮譽勳章；大衛．A．愛德華茲（David A. Edwards）是我的曾曾祖父。他是緬因州第五步兵團的一名中士。書寫這段文字時，他的戰爭日記、信件、黃銅彈匣板和懷錶就在我身旁。

一八六三年七月，有超過五萬名士兵在這裡被殺、受傷或通報失蹤。其中許多人在戰場上痛苦地死去，或被運往臨時醫院，一到醫院，手臂和腿就被截肢，截下來的部位會被扔到地板上的那一大堆斷腿殘臂當中。惡劣的衛生狀況導致感染、敗血症和壞疽：外科醫生不經意將骨鋸上的血跡擦在沾有膿液的工作服上，然後繼續處理下一位受難者。為爭取時間，像是明尼蘇達州第一步兵團這樣的軍團，被命令要與敵方的菁英部隊作戰，結果在幾分鐘內就被殲滅。數以百計的非裔美籍男子、婦女和兒童，被羅伯．E．李（Robert E. Lee）將軍率領的入侵邦聯軍（Confederate）綁架，運往南方在維吉尼亞州里奇蒙（Richmond）的奴隸市場上出售，其中不乏在賓州周邊城鎮出生的自由人。邦聯軍搶劫平民家庭、農場與商店，有時聯邦軍（Union forces）

也是如此。在一八六三年夏天的三天內，破壞、死亡和痛苦在這片土地上狂歡肆虐。

據估計，在內戰中，有七十五萬名士兵死於戰鬥、事故、飢餓和疾病。這比一戰和二戰的美國死亡人數總和還多。與十八世紀的鳥銃和大砲相比，來福鳥銃和火砲的射程與精確度大幅提升，但武器裝備的進步並沒有讓那些堅守過時和自殺式戰術的將軍感到不安。他們命令士兵排成練兵場上的隊形，列隊前進去迎接槍砲殺氣騰騰的掃射，彷彿他們在拿破崙式的戰場上一樣。正如艾倫．C．歸爾佐（Allen C. Guelzo）在《蓋茨堡：最後的入侵》（*Gettysburg: The Last Invasion*）一書中寫道：「這使內戰看起來像是一場徹底愚蠢的演習，相當於第一次世界大戰西線的屠殺。」[67]

三兄弟來自緬因州的貝塞爾（Bethel）。一八六四年，在維吉尼亞州東北部的莽原之役（Battle of the Wilderness）過後幾天，大衛的右臂受傷了。從前線走回來尋找野戰醫院時，他看到一幕令人沮喪的熟悉景象：在一堆死屍當中，傷者痛苦地尖叫扭動。內戰戰鬥的後續效應和戰鬥本身一樣讓他飽受困擾。

一八六四年五月十二日，大衛在日記中寫道：「這天寒冷多雨，第二軍團俘擄了一個叛軍的步兵師以及三名主要將領，佔領了他們的機件、二十五把槍砲。我們師被派去支援。我們在土坑中突擊進攻。我的右臂受了傷，退到後方。」

四天後，五月十六日，他寫道：「還在弗雷德里克斯堡（Fredericksburg），沒有吃的、沒有照護，也沒有我們需要的東西。」

當我還是個孩子的時候，曾徒步到緬因州利茲市（Leeds）的紀念碑山頂（Monument Hill）。山頂上有座三十英尺高的花崗岩方尖碑。這座碑是由來自利茲的聯邦將軍與激進的廢奴主義者奧利弗．O．霍華德（Oliver Otis Howard）所立。他在一八六二年六月的七松之役（Battle of Seven Pines）中失去右手臂，為此他被授予榮譽勳章。戰後，他是被解放黑奴事務管理局（Freedmen's Bureau）的長官，並協助在華盛頓特區創辦霍華德大學（Howard University）這所歷史悠久的黑人大學，並於一八六九年至一八七四年間擔任校長。他將這座方尖碑稱為和平紀念碑，並在上頭刻字：「一八六五年和平確立」。霍華德反對美化戰爭，他寫道：「戰爭的恐怖、充滿恨意的殘暴以及龐大的開支，這些再怎麼強調都不為過。」[68]他表示戰爭的敘事只能有一個目的，也就是「向孩子表明我們必須避免戰爭再次發生，不讓戰爭體現的痛苦與憤怒再次降臨」。

關注戰場上的戰績時，我們往往會忽略士兵承受的苦難，兒子、兄弟和丈夫的家庭，還有成千上萬無父孩童的痛苦。我們忽視讓退役軍人飽受折磨的殘缺肉身與心理創傷。美國內戰中的部隊都是在當地招募組建的。城鎮和村莊可能在戰況激烈的一天當中，失去三分之一以上的兵力，使整個地區的群眾陷入集體悲痛之中。緬因州的人均參戰人數比任何其他的北方州都多。在緬因州，幾乎每座城鎮都設有戰爭紀念館，而館內列出的悼念名單之長，令人咋舌。雖然我在六〇年代還是個孩子，仍然能感受到失落的重量，尤其是因為以我們家來說，我的祖母與她的祖父住在一起，也就是當年的中士大衛。他們共同生活到他在她八歲時去世，而他在離世之前始終無法擺脫傷口的疼痛。

托馬斯．D．馬貝克（Thomas D. Marbaker）是《紐澤西州第十一志願軍史：從組織到阿波麥托克斯郡》（*History of the Eleventh New Jersey Volunteers: From Its Organization to Appomattox*）的作者，他描述這場戰爭的餘波：

> 屍體掩埋隊出發執行任務，而那些能放下手邊工作的人都出來觀看大屠殺的場面，那樣的場景絕對讓人永難忘懷。在空曠的田野上，像被收割機綑綁的穀穗一樣，在岩石縫隙中，在柵欄、樹木和建築物後方；在灌木叢中，他們為了保命而匍匐前進，最後卻在痛苦中死去；在溪流邊、牆邊或是籬笆邊，凡是戰火紛飛或他們雙腳能

及之處都倒臥著死屍。有些人面部臃腫、發黑、無法辨認，倒在地上，空洞無光的雙眼盯著炎夏的烈日；有些人臉部朝下，緊握的拳頭裡滿是青草與泥土，顯示他們在臨死之際有多痛苦。這邊有個無頭的軀幹，那邊則是斷裂的肢體；無法忍受的痛苦和強烈的折磨使人變形扭曲，他們以各種怪異的姿勢躺在地上。有些人的臉上還留著死亡時凝結的笑容；有些人顯露出顫抖的恐懼陰影，其他人身上則帶有不可抹滅的堅定印記。舉目所見皆是戰鬥風暴席捲後留下的殘骸——破損的彈藥箱、拆解的槍枝、在戰鬥中被折彎的小型武器，或是從殘廢的手中掉落四散的武器；浮腫的馬匹屍體、破爛襤褸的裝備，以及戰爭浪潮退去時留下的所有悲傷的殘骸；人體腐爛時發出的瘟疫般臭氣遍佈大地，如同霧一樣籠罩地面，污染著每一口呼吸。[69]

蓋茨堡戰役後屍體腐爛的瘴氣，因五千匹馬和騾子的屍體而變得更讓人無法忍受，臭氣持續數週。蓋茨堡鎮上的居民外出時都不得不掩住口鼻。

「七月豔陽無情照射這些死屍，令人作嘔、無法抵擋的惡臭不斷提醒人們地面上仍有許多屍體尚未掩埋。每走一步，空氣就變得越來越沉重難聞，最後那股臭氣甚至達到彷彿可觸知的驚人密度，已經是肉眼可見、可以具體感覺，甚至能用刀割的程度……」蓋茨堡的一位聯邦護士柯妮利亞・漢考克（Cornelia Hancock）寫道。[70]

在國家公園的戰場上，這些可怕的景象和氣味早已被時間抹去，令人迷失方向的混亂、恐懼和震耳欲聾的戰鬥噪音也不復存在。內戰部隊與領導人的莊嚴紀念碑散落在修整過的田野和起伏的山丘上。這座公園緬懷的，是國家希望我們記住的有關戰爭與戰役的特定面向。它告訴我們，為國家服務就是愛國主義，但尤利西斯・格蘭特（Ulysses S. Grant）曾說：「在一個民族集體奮鬥追求的目標當中，邦聯軍的動機是最不明智的那種。」

蓋茨堡公園含蓄地頌揚民族主義、推崇戰士的身分地位。為維護奴隸制度而戰的邦聯軍，與被神格化的李將軍一起被收進美國的民族英雄殿堂，理由是他們兵強馬壯、驍勇善戰。戰爭的殘酷和愚蠢，以及奴隸制的大屠殺，和驚人死傷人數所造成的大規模悲傷和苦痛，都被當成不足掛齒的部分，與偉大的犧牲比起來，根本算不了什麼。

我站在小圓頂（Little Round Top）上，這是公園內的一座小山，緬因州第五步兵團在那裡立起的壁壘仍清晰可見。曾在那裡作戰的大衛，對高階軍官來說沒什麼用處，對他那位身為將軍的兄長來說亦是如此，因為身為將軍的他們為了擦亮戰場上的榮耀，冷酷無情地將士兵送到戰場上任人宰割。在一八六四年八月十六日從伊利諾州弗萊營（Camp Fry）醫院寫給妻子的信中，他說自己的哥哥是「一位可悲、撒謊的無賴」，「沒有任何符合道德或男子漢該有的原則與榮譽」，並補充說：「他的性格裡只有自私以及利己主義。」

克拉克．愛德華茲將軍是約書亞．張伯倫（Joshua Chamberlain）將軍的朋友，他像張伯倫和紐約政客與丹尼爾．瑟克斯（Dan Sickles）一樣，在戰後的幾年間將自己提升為戰場英雄主義的代表人物，並利用這個形象來壯大自己的政治野心，其中包含以民主黨候選人的身分競選緬因州州長，但並未勝選。（歸爾佐寫道，瑟克斯的軍事無能幾乎致使聯邦軍戰敗，他「的每個毛孔都滲出骯髒和虛偽」。）

大衛．愛德華茲和小圓頂上的其他士兵都清楚意識到，張伯倫的緬因州第二十志願步兵團，在擊退邦聯軍的戰役當中只發揮次要作用。多虧古弗尼爾．K．沃倫（Gouverneur K. Warren）將軍的先見之明，與旅長斯特朗．文森（Strong Vincent）和派翠克．奧羅克（Patrick O'Rorke，指揮紐約第一百四十步兵團）上校的機敏和勇氣，南軍才無法取得小圓頂這個在戰場上地勢較高的重要據點。但由於文森和奧羅克在捍衛山頂據點的過程中喪生，張伯倫幾乎是在暢行無阻的情況下，大規模修改防衛戰的整個經過。張伯倫除了跟瑟克斯一樣被授予榮譽勳章，還成為鮑登學院（Bowdoin College）的院長，並擔任過四屆緬因州州長。歸爾佐指出他曾撰寫「關於蓋茨堡戰役的七份報告，讓自己成為小圓頂的關鍵人物，並讓小圓頂成為整場戰役的主角。」歸爾佐還說：「死亡率，以及這位前任教授在自我宣傳方面的過人天賦，使他超越其他人。」[71]

在蓋茨堡最艱難的幾場戰鬥中，險些喪命的三弟亞伯特才是核心人物。當時他是密西根州第二十四步兵團的上尉，該團是鐵旅的五大軍團之一。他曾就讀於密西根大學，擔任過報社記者，這項經歷讓他提交的官方戰場報導更有文采，有時讀起來還很觸動人心。

鐵旅是聯邦軍隊中最著名的一個旅，最顯眼的特色是其成員都戴著黑色的「哈迪帽」（Hardee hat），而非多數聯邦軍隊士兵配戴的典型藍色帽子。在戰爭尾聲，其戰死率在所有聯邦軍旅中名列前茅。但是，這支部隊在戰鬥中磨練出的堅毅韌性是有代價的。

我祖母有一本一八九一年版的《密西根州第二十四鐵旅歷史》（*History of 24th Michigan of the Iron Brigade*），現在這本書為我所有。第二三四頁與二三五頁之間夾著一朵乾枯的玫瑰。小時候第一次讀到這本書的時候，書中內容就深深困擾我，而這不僅是因為這支鐵旅在戰鬥第一天就死傷慘重、使亞伯特接手指揮，還因為有一位逃兵在六月十二日向北移動時遭到處決，他是印第安納州第十九步兵團的二等兵約翰．P．伍茲（John P. Woods）。

「大約兩點鐘，鐵旅帶領縱隊走進一片田野，前方是坐在棺材上的囚犯。」中士沙利文．D．格林（Sullivan D. Green）在這本史書中寫道：「靜默之中，現場的士兵就圍成空心正方形的三邊。棺材被擺在地上，囚犯跟著牧師從醫護專用馬車上下來，牧師與這位將死之人交談片刻……」[72]

十二名士兵被選入行刑隊、配有火槍。其中一把槍是闇槍。

格林寫道：「他的雙眼被一條手帕矇住，手臂跟腿也被綁住。一聽到平常用來指示戒備或準備的『注意』之後，行刑隊就會開槍。軍官將帽子摘下、高舉空中，一萬隻眼睛屏氣凝神盯著前方，軍官將帽子往下一揮，接下來的畫面令許多人將眼睛閉起。大家都聽見槍擊聲，失去生命的肉身向後倒進塵土之中！」[73]

伍茲的妻子罹患重病，他曾試著回家陪她。

在蓋茨堡戰役的第一天，鐵旅在邦聯軍人數眾多的情況下，試圖守住麥克弗森山脊（McPherson's Ridge）的聯邦防線。到了晚上，在密西根第二十四步兵團的四百九十六名成員中，只有九十九人還活著、沒有受傷或被俘擄，損失率為百分之八十。亞伯特和兩名中尉是唯一留在戰場上的軍官。整個旅都被打垮，從原來的一八八五人縮減到只剩六百人。生還者被重新部署在庫爾普山（Culp's Hill）上。

我站在麥克弗森山脊上，也就是一百五十六年前那場奪走少將約翰・F・雷諾茲（John F. Reynolds）生命的血戰現場。高聳樹木的陰影和樹葉細柔的沙沙聲，替這片與世隔絕的戰場增添了些許溫柔的寧靜。但在一八六三年七月一日傍晚，我周圍的地面上滿是聯邦軍的死傷者，而軍隊在向城鎮緩慢撤退的過程中，不得不將許多人遺棄。

謝爾比・富特（Shelby Foote）在《戰鬥位置》（*Stars in Their Courses: The Gettysburg Campaign, June–July 1863*）中提到邦聯軍將軍威廉・多爾西・彭德（William Dorsey Pender）時寫道：「進攻之後，他聽到山脊上的樹林裡傳來『可怕的嚎叫』，當他走近一看，發現聲響的來源是雙方的傷員。有幾個人口吐白沫，好像瘋了那樣，似乎根本不曉得自己在大叫。」[74]而彭德將軍自己也會在隔天受到致命傷。

我祖母在一場戰爭的陰影中展開自己的人生，這場戰爭是南北內戰；她人生結束之際，也籠罩在另一場戰爭的陰影下——第二次世界大戰。她唯一的兒子，我的叔叔莫里斯（Maurice），在二戰中以陸軍步兵的身分在南太平洋作戰，並在那裡被迫擊砲炸傷。他回來之後身心都受到影響，很少談及戰爭，整個人縮進酗酒的陰霾之中。他和其他士兵拿到瘧滌平（atabrine），這是在戰爭時期用來取代奎寧（quinine）的抗瘧疾藥。這種藥無法預防瘧疾復發，副作用卻使他耳鳴。他經常坐在我祖母的白瓷火爐旁，身子蜷縮發抖，因發冷或發燒而抽搐。在我印象中，他是個有距離感、令人困惑，並且跟我無法理解的惡魔纏鬥的人。我後來才知道，他的部隊將多數戰俘處決。如同他的曾祖父大衛一樣，他覺得他被國家、將軍和政客背叛。莫里斯將他的獎章寄回軍隊。一天早上，他坐在我祖母的廚房桌前，向我講述他的排長在一條小河邊喝水的經歷。他們過了個彎，看見河裡有二十五具日本人的屍體。這是他唯一一次對我談起南太平洋的經歷。

他飄忽不定的行為讓我摸不著頭緒。

他離開後，我問祖母，他到底怎麼了。

「戰爭。」她尖刻地說。

第十五章

孤兒

一九三九年秋天，蘿拉·莫茲（Lola Mozes）的童年在波蘭的一座小橋上畫下句點。目睹德國炸彈襲擊的慘狀時，她年僅九歲，坐在一輛馬車上，背靠著家裡的銀質安息日燭台，燭台外裹著一層毛毯。肚破腸流的馬匹痛苦地喘息，儘管傷口撕裂仍用力站起身，四周還倒臥著人類屍體，這樣的景象使她淚流滿面、驚慌失措。她的母親海倫娜·雷維茲（Helena Rewitz，娘家姓氏為施維摩爾〔Schwimer〕）將這個驚恐的孩子緊摟懷中。後來在猶太人聚居區和奧斯威辛集中營裡，她也像守護天使一樣守在女兒身邊。

某星期五，我到布魯克林拜訪蘿拉·莫茲，坐在她家的餐桌旁。她體型嬌小，留著一頭鬈曲的黑髮、戴著白金耳環。她的笑聲柔和、具有感染力，散發一股俏皮的幽默感，臉上的細紋是從她父母那裡遺傳來的。她帶有少女般的魅力和熱情，舉止略顯嬌媚。

「我是很厲害的偽裝大師。」她笑著說：「我經歷的那些事，其實一直都在。那些事不斷折磨著我，在我腦海中不斷重複，反覆上演。」

蘿拉從小在波蘭西南部城市卡托維茲（Katowice）成長，家就在自家經營的雜貨店旁，家裡使用的語言是德語。她在學校裡學波蘭語。她父母則用意第緒文溝通，尤其在他們想私下交談的時候。她的父母和哥哥會過安息日，也會在宗教節日上猶太教堂，但平日並不會特別遵守猶太教的儀式和規範。她父親埃米爾（Emil）會在早上沐浴時哼唱詠嘆調，離開家時穿著德國進口的西裝與護腳。他們住在城市當中的勞動階級區。附近的天主教兒童嘲笑她是「基督殺手」，有一次還把她哥哥奧斯卡（Oskar）推下電車並毆打他。但這個家庭對接下來即將發生的事毫無心理準備。她父母在收音機裡聽到希特勒的演說時，整張臉因驚嚇而凝結，這時他們才稍微預見黑暗的未來。

橋上的血腥場面揭示不久後會有一場持續六年的大屠殺與極盡剝奪之能事的嚴峻考驗。對蘿拉來說，玩自己最愛的娃娃、溜冰、游泳和到父親的雜貨店裡挑糖果，全都被一場痛苦的生存鬥爭所取代。怪物和惡魔像中世紀童話裡的野獸一樣出現，比方說猶太人聚集區裡一位醉醺醺的黨衛軍軍官，他經常把她抱在腿上，抱怨靴子被受害者的血弄髒了，還有那些被他往牆上猛砸的嬰兒。生與死的同心圓在她周圍輻射開來。她父母激烈的愛似乎經常敵不過武裝份子與掌權者的謀殺意圖，這個家庭完全被他們控制了。

一九四一年，蘿拉的家人與其他猶太人一起被驅趕到波蘭南部拉布河畔（Raba）的博赫尼亞（Bochnia）猶太人區。猶太人區被高聳的木柵欄圍著，並且被區分為

A、B兩區。A區安置了兩千名在德國工廠與工作坊工作的猶太人，他們在那邊替德軍製造鞋子、內衣、制服、手套、襪子與其他物品。B區的猶太人沒有工作。許多人是老人或病人。他們生活在極端貧困中、營養不良。許多猶太人把自己僅有的財產集中起來，組成公共廚房。德國人在傍晚將男人和女人區隔開來，有家室的人夫或人父也不例外。蘿拉與家人和阿姨同住在一棟被納入猶太人聚集區的大木屋裡，她的阿姨在戰前過著相當富裕的生活。

「有一次，他們叫我們留在屋內。」她說：「我不記得是什麼時候。我透過窗戶偷偷往外看，看到之前在鹽礦裡工作的強壯年輕人在行進。每十個或每五個男人就有一個會被射殺。早上空氣中飄著一股奇怪的氣味。聞起來讓人噁心反胃。我們隔著窗簾偷看了一下。外頭有裝著屍體的馬車。屍體被扒個精光。水溝裡有一灘灘的血。隔天我們又出去工作，輪一班要十二小時。上早班的我們在天黑時離開。我記得當我們再次去值班的時候，正在下雨。我和朋友走在一起。我手拿麵包。麵包掉到地上。朋友說：『麵包掉到血裡了。』我們覺得這很好笑，開始大笑。我把麵包撿起來，下班後把麵包帶回家吃掉了。麵包太珍貴，不能扔掉。」

蘿拉和一位性情溫和的男孩變成朋友，他與家人住在猶太聚集區的B區。他用剪報做出一本小書，把書借給蘿拉看。那本書是關於一位七世紀的拉比譯注1，名叫沙巴泰‧澤維（Sabbatai Zevi），他聲稱自己是猶太人的彌賽亞譯注2，徒步來到一座又一座的城鎮，承諾要拯救人民。蘿拉說：「他帶我去他住的地方，看起來像個小棚子，地板上有破布。裡面很髒，還住了很多人，尤其是有很多老人。那邊惡臭難聞。他是最善良的男孩。我說：『這要怎麼生活？』他非常尷尬。我永遠無法忘記他的表情有多尷尬。他曾在我阿姨家住過，那邊每個家庭都有一個房間。我阿姨的房子很乾淨。我們有一座爐子，還有暖氣。我不曉得他後來怎麼了。猶太B區的人是第一批被送進集中營的。」

她父親在一個鋸木屑的木棚裡建造了一個小型的地下碉堡。驅逐行動在一九二四年展開時，他們一家都躲在地堡內，裡頭的空間勉強能讓他們一家人擠在一起。德國人帶著警犬在棚子四周徘徊時，他們會屏息等待。蘿拉的父親會在晚上偷偷溜出去覓食。

猶太人只能在有人看守的情況下離開猶太區。他們以五人一排的方式被帶出猶太

譯注1：猶太教領袖和經師。
譯注2：將被上帝派遣拯救猶太人的國王。

區，在德國工廠裡工作。在被德國佔領的波蘭區擔任總督的漢斯・法蘭克（Hans Frank）下達命令，將處決任何在猶太區牆外被發現的猶太人。大約有兩千名猶太區的猶太人被槍決，其他多數人死於疾病或集中營裡。最初在博赫尼亞猶太區的一萬五千人中，只有九十人在戰爭中倖存。

蘿拉的父親和哥哥負責清潔德國人的辦公室，她和母親在佛洛里斯街（Floris Street）的一棟大紅磚建築物裡替德國士兵編織襪子。

她說：「他們從俄羅斯前線把襪子寄來這裡。襪子送到工廠的時候已經清洗過了。襪子下半部被剪掉，只剩上半部。我們會往下編織，編出新的襪子。有時候我們會在襪子裡發現血跡、腳趾頭跟一些肉塊。因為這樣，我們才知道德國士兵在某些地區受凍掙扎。」

有一天，針織廠的猶太工頭請她織一雙男用手套。他給她灰色的毛線。幾週後，一群位高權重的納粹份子來到工廠，法蘭克就是其中一人。工頭把她介紹給法蘭克。

她還記得，「他戴著那副手套。他跟我握手，笑了笑，說那雙手套真的很保暖。他說手套的尺寸剛剛好，對我表示感謝。那天晚上我爸下班回家，臉上滿是笑容。他跟我說，每個人都跟他握手，都在恭喜他。大家都說因為法蘭克握了你女兒的手，猶太人有救了。我們認為，如果他們滿意我們的工作成果，就會讓我們活下去。」

一年後，她偶然看到一張法蘭克的照片。她那時才發現，戰後他被同盟國在紐倫堡判處死刑並被絞死。他是紐倫堡大審判中，極少數有在被處決前對罪行表示悔意的納粹份子。

法蘭克被處決的照片和新聞相當令人震撼。「我歇斯底里地哭了。」她對我說：「我不曉得為什麼。我沒辦法把他像父親一樣對我微笑、跟我握手並說謝謝的畫面，跟他被絞死的畫面聯想在一起。」

在猶太聚集區，她父母替大她兩歲半的哥哥奧斯卡找來一位拉比當家教。

「因為這位拉比，我哥哥變得非常正統。」她說：「他那個時候大約十四歲，對每個人都很有愛心，因為聖經說人要慈悲為懷。我媽會拿一些馬鈴薯回家削皮，她會告訴我們，她下班回家後再煮馬鈴薯給我們吃。不過有時候她回到家會發現馬鈴薯不見了。我哥會把馬鈴薯拿去分給貧窮人家，然後我們家就沒東西吃。有一天，他穿著木鞋回家。我們問：『你的鞋子呢？』他把鞋子給了一位赤腳的人。他變成那樣，像個僧侶一樣。」

有一次，在大規模驅逐行動中，躲在鋸木屑堆下的蘿拉爬到哥哥身旁。她說：

「我們開始交談。那是我們第一次認真對話。他有一塊麵包，但他說：『我不餓。』」

她的聲音斷斷續續。她開始落淚。

「真的很難。」她吞吞吐吐地說：「而他真的把那塊麵包給了我。那是一塊硬硬的麵包皮。我們不是綿羊。我們活下來了。最後離開地堡的時候，我看到他在穿衣服。他的肚子因為飢餓而膨脹。」

一九四三年，工廠關閉，猶太聚集區的大片區域被清空。多數猶太聚集區的居民都被處決或帶到滅絕營。蘿拉的父親晚上從地堡溜出來時，會在空蕩蕩的街上徘徊，並到廢棄公寓裡覓食。那裡像座鬼城。猶太區周圍的圍牆正在重建，並且向內推移，以便讓城裡的非猶太人能使用被淨空的猶太聚集區。

蘿拉的父親決定帶著全家跟阿姨一家四口和兩位表親，搬到猶太區一個廢棄的地下室。他說等到天黑的時候，他會一次送五個人去地下室。他將蘿拉、蘿拉的母親、阿姨和一位小表妹帶到地下室，然後再回去接兒子跟外甥子女。

「他再也沒回來。」蘿拉說：「他被一位猶太警察逮到。那個時候是住棚節（Succoth），媽媽跟阿姨在地下室裡點起蠟燭。我們找到一個更深的地下室。有位東正教男子躲在那間房子的閣樓裡。他下來看我們。他講彌賽亞的故事給我們聽。他說我們死後會上天堂。儘管恐懼讓人動彈不得，我還是覺得好一些了。表妹跟我在晚上去菜園裡挖東西吃。那裡有一口井，但是當你把水桶轉上來時會發出聲音。那很危險。我們聽得見狗叫聲。」

「一天早上，我們聽到聲音，好像有人把棍子放在柵欄上來回刮動一樣。」她說：「我媽呆住了。她知道那是什麼聲音。他們正在開槍殺人。我們看到閣樓裡的男子用手臂做了一個射擊的姿勢。然後我們聽到歌聲，那是〈以色列啊，你要聽！〉（Shema Yisrael）。」

她開始用希伯來文輕聲吟唱〈以色列啊，你要聽！〉，這是猶太教祈禱書中的核心禱文。

以色列啊、你要聽．耶和華我們　神是獨一的主。
你要盡心、盡性、盡力、愛耶和華你的　神。
我今日所吩咐你的話、都要記在心上。

「當時有兩百人在唱〈以色列啊，你要聽！〉，包含我即將赴死的父親和哥哥。」她說：「那個時候，我沒有想到槍聲跟我爸、哥哥、表親的死有關。槍響變得穩定而持續。媽媽緊抱著我。」

蘿拉讀了一封她在一九八一年寫給她四個孩子的一封信：

這是我故事的精華。為了讓我的孩子們成長、茁壯、繁衍後代，並且不要感到愧疚，不要覺得他們是像綿羊一樣被送進屠宰場的人的後代。不管是〈以利！以利！〉（Eli Eli）還是〈聖母瑪利亞〉（Ave Maria），沒有任何歌曲能超越我父親、哥哥、表親和其他數百人被帶去槍斃時的吟唱。那是最有力、最勇敢、最榮耀的讚歌。他們的聲音不像綿羊那樣顫抖可憐。他們的聲音講述了勝利戰勝邪惡的故事，他們以人的姿態死去，雙手並沒有沾染他人的血。他們的聲音齊聲唱出對主的讚美。他們有一種強大的力量，彷彿已經與他們的主人融為一體。歌詞說著Shema Yisrael，以色列啊，你要聽！我將讓你脫離苦難，離苦得樂。那是我接收到的訊息。那首歌是我父親為我而唱的。我如自己所願成長茁壯，也希望我的孩子能夠如此。我的孩子，親愛的可愛的孩子。你們每日碰到的問題，你們意志堅定、企圖解決的問題，與祖先令人敬畏的過去相比是微不足道的。有人這樣告訴你們，但這並非事實。生活是由困難與喜悅所組成，是由悲傷和全然的幸福組成，但只要你們的靈魂不被傷害他人的卑鄙玷污，就抬頭挺胸以自己的生命為榮吧。你們的生命是已逝者的延伸。而現在他們是不朽的。不要憐憫他們。他們平靜地走了，因為他們對未來、對你的現在充滿希望。我父親強大的吟唱也是為了你和你愛的人。帶著我所有的愛，媽媽手書。

德國士兵在地下室發現蘿拉、她母親、阿姨和表妹。她們都被拘留，而且因為藏匿是一種死罪，所以都等著被槍斃。她母親抱著她，告訴她，她們要去伊甸園，去見家裡那些已經死去的人。但她們躲過一死，被分配進最後一支猶太小組。這個小組有一百名猶太人，工作是清理猶太聚集區的殘餘廢棄物。蘿拉的母親在一間洗衣廠工作時發現兒子奧斯卡的襯衫，這顯然是從他已無生氣的軀體上剪下來的。猶太聚集區的指揮官約瑟夫·穆勒（Josef Müller）當時有一位猶太情婦，這在猶太聚集區的指揮官和營地警衛之間相當常見。聚集區中剩下的猶太人暱稱她為馬塔·哈里（Mata Hari）。

「她很漂亮，很高大。」蘿拉說：「她打扮優雅，還畫了妝。她有一個丈夫還有跟我同齡的女兒。她一直使喚我。我必須打掃她的房間。」

之後，蘿拉和母親被送往位於克拉科夫（Kraków）南郊的普瓦舒夫勞改營（Płaszów）。普瓦舒夫的指揮官是阿蒙・哥特（Amon Göth），他是一名殘暴的黨衛軍軍官，經常以槍殺囚犯為樂。一九九三年的電影《辛德勒的名單》（*Schindler's List*）中就有一個以他為原型的角色。哥特在戰後被絞死。

蘿拉和母親與其他囚犯一起被派去挖猶太人的墳墓。挖出來的墓碑被拿來鋪設道路和建造廁所。在普瓦舒夫待了兩個月後，他們被送往隱藏在皮昂基（Pionki）附近森林中的一座軍用品工廠。就是在那座工廠，蘿拉被迫看著四、五位企圖逃跑的猶太人被絞死。她代替母親站在囚犯隊伍的最前排，以免她目睹絞刑的經過。

「他們很平靜、鎮定。」蘿拉描述那些死刑犯時表示：「他們的手被綁在身後，死之前說了些什麼，但我已經不記得。我們必須盯著被絞死的人看，不能把頭撇開。看著那個景象，我發現絞刑真的是種駭人的死法——你能真的看到生命從身體裡被擠出來。臉色發紫、漲紅、腫脹，懸吊的軀體在最後的抵抗中抽搐。其中一位死刑犯的妻子身懷六甲，她一整個星期都站在絞刑台旁，因為德國人一直在展演這種景象。」

最後，蘿拉被送往奧斯威辛集中營。她們搭了三天火車才抵達。與母親、阿姨和表妹一起跌跌撞撞走下火車時，她衝向一條水溝去喝水。多年後，她再次到奧斯威辛—比克瑙（Auschwitz-Birkenau），還找到那條水溝。她說，滅絕營少了瘦弱的屍體、惡臭、恐懼、槍聲、狗吠、毆打、火葬場煙霧、守衛吼叫聲、擁擠營房和屎尿橫流的骯髒廁所，已經無法傳達實際的情況。她說：「他們應該把這邊整個翻起來鏟掉，然後種上一塊田。」

「走下火車的時候，我媽的樣子我完全不認得。」她回想起抵達營地時的場景，「她的樣子把我嚇一跳。就像看到鬼那樣，她看起來憔悴枯槁，眼睛又大又圓。」

被剃頭、噴灑DDT和刺青之後，她們被隔離在C營。她記得在營裡看到一群侏儒。「他們好美。」她說：「我好想跟他們一起玩。他們就像洋娃娃一樣。第二天還是第三天晚上，他們全都消失了。」

她和母親在比克瑙工作了大約八個月。有一天，她們被扒光衣服，被迫與一大群婦女一起進毒氣室，但處決突然被取消。蘿拉在進入毒氣室前求母親讓她吃掉最後一塊麵包。「我說：『我不想要餓著肚子死。』」她還記得當時的對話，「我媽說：『我們出來的時候妳一定會喊餓。』我說：『我不管。』然後她把麵包交給我。我們從毒氣室出來的時候，我媽說：『看吧，我就說。』後來，營方派這些婦女去工作，叫她們把油布條擰成辮子。她覺得這些布條是用來塞在飛機門邊，讓機艙保持密閉。」

「兩位警衛會拉著辮子的兩端，如果辮子斷了，工人就會被打，還常常被打死。」她說。

一九四五年一月，蘇聯軍隊向被佔領的波蘭挺進，納粹守衛開始盤算要銷毀火葬場。他們告訴囚犯，比克瑙集中營即將被炸毀，並命令來自比克瑙與周圍營區的大約六萬名囚犯，在雪地裡徒步行進三十五英里到一座貨運場。一萬五千名囚犯在行進途中死亡。蘿拉的阿姨和表親躲在一堆屍體底下，她們在戰爭中活了下來。出發前，蘿拉和母親在一個營房裡發現蕪菁，便狼吞虎嚥吃了起來。蕪菁害她母親腹瀉。

蘿拉描述：

我媽從衣服上撕了一塊布下來，隔天一早害羞地問我能不能幫她擦身體，那個時候我才感覺到什麼是愛。她告訴我，他們要把營區炸毀，我們必須離開，而且我應該能承受徒步行進的考驗。我們徹夜行進，經過我們的城鎮卡托維茲。我們看到燈光。隔天，我媽感覺不太舒服。她頭有點暈，跟我要了一點糖。我們不能彎腰取雪，如果彎下腰，警衛就會朝你開槍。道路兩旁都是屍體。但我媽請我挖一些雪，我快動作彎腰幫她挖雪。我們身邊的婦女幫忙扶我媽走了一小段。她們陪她一起走。然後我媽就走不動了。那邊有一棵樹。她躺下來，對我說：「快跑，也許妳有辦法躲過一劫。」然後有位德國人出現了。我跟他爭論，我說：「你也有媽媽，你知道有媽媽的感覺是什麼。讓她休息一分鐘，她就會站起來了。」他笑了。我永遠記得那個古怪的笑容。他不知為何被逗樂了。那個時候他已經拔槍。士兵開始毆打我、把我推開。他朝她開槍。我繼續走。走到某個時間點，我的小布袋掉下來。我把布袋撿起來。我心想，妳把布袋撿起來，但沒有把媽媽撿起來。多年後，當我回想媽媽死亡的場景，她躺在那棵樹下，手臂稍微向外展開，我覺得就像是被釘在十字架上那樣。

蘿拉抵達貨運場，上了其中一輛開放式貨車。她被運往拉文斯布呂克集中營（Ravensbrück），這是德國北部的一座婦女集中營。然後她被送上駛往馬爾霍夫集中營（Malhof）的火車。同盟國的軍隊接近馬爾霍夫時，德國人將營區關閉。蘿拉很快又上路了。守衛開始一個個消失。她還記得田野裡士兵們腫脹發黑的屍體。一天早上，她和其他囚犯看到穿著便衣的營區指揮官騎著單車離開。戰爭已經結束。

在浩瀚無垠的宇宙中，在我們星球發出的光需要幾十年才能到達的星系與群星當中，有一個女孩在波蘭的卡托維茲鎮上玩娃娃的歡樂畫面；有一個女孩在被炸毀的橋樑邊被母親緊緊摟在懷中的驚恐畫面；有一個女孩與哥哥躲在鋸木屑底下交換一小塊麵包的畫面；有一個女孩與波蘭納粹總督握手的畫面；還有一個女孩在母親懷裡，在地下室中聽著即將死去的男男女女吟唱〈以色列啊，你要聽！〉的畫面。還有，一個女孩對拔出手槍的德國士兵說「你也有媽媽」的畫面。

「我相信上帝和天堂。」蘿拉上週說：「我會對我老公跟爸媽說話，我老公在三年前去世。多虧我的信仰，我不會跟牆壁與空氣對話。」

之所以寫這則故事，並不是要說德國人是壞人、猶太人是好人。善與惡的界線存在於所有人心中。可悲的是，成為劊子手跟成為受害者一樣容易。這是戰爭當中最令人警醒的教訓。撰寫大屠殺事件的偉大作家就理解這點，比方說普里莫・萊維。說到底，集中營和猶太聚集區的組織架構中，有所謂的猶太籍聚集區警察、猶太囚監、猶太居民委員會、特遣隊和管理營房囚犯的猶太區長，而他們的存在使火葬場中永遠都有燒不完的屍體。那些讓自己的道德淪落到跟黨衛軍一樣敗壞的囚犯，很快就迷失自我。之所以寫這篇文章，並不是要強調美德和善良在大屠殺後贏得勝利。納粹屠殺一千兩百萬人，其中包含六百萬名猶太人，這是對人類生命巨大、悲慘和荒謬的消耗。我寫這篇文章，是想顯示父母親強烈、保護子女的愛比仇恨更強大。這種愛能夠戰勝邪惡。戰後，蘿拉在西班牙遇到一位年輕的德國男子。她說：「他本來有可能變成軍人。」他詢問蘿拉戰時的經歷。她對他訴說。她在告別時吻了他的臉頰。

或許這已經違反已知的物理定律，但在時間和光線在空間中扭曲、轉彎的地方，為了保護兒女性命而奮戰的母親與父親，或許仍存在於微弱的光粒子中，讓忠誠的強大連結清晰可見。為了拯救生命，他們放棄生命。在我們交談時，蘿拉捲起袖子給我看她身上的集中營編號：A-14989。雖然身體和心理上都帶著傷痕，她還是嫁給一位倖存者，共同撫養、愛護、照料四個屬於她的孩子。至少在布魯克林的這間小房子裡，海倫娜・雷維茲和埃米爾・雷維茲贏得這場戰爭。

第十六章

永久的戰爭

自二戰以來，美國一直處於戰爭狀態，使民主與自由的運動灰飛煙滅；讓文化淪為民族主義的空談；貶低教育和媒體並使之腐敗，還破壞了經濟。負責維持開放社會的自由與民主力量變得無能為力。

二十世紀初，在埃及、敘利亞、黎巴嫩和伊朗等國，民主與自由運動的前景相當光明，而後來使這些運動夭折的並非伊斯蘭教，而是衰頹至永久戰爭的事實。終結以色列和美國自由主義傳統的，是那種永久的戰爭狀態。

藍道夫．伯恩（Randolph Bourne）諷刺地說：「戰爭是國家的健康。」[75]

伯恩寫道：「在宣戰的那一刻，廣大群眾在某種精神煉金術的催化之下，開始相信自己決心想要並執行這項行動。然後，除了少數不服從者，他們開始讓自己在所有生活環境中接受政府的管制、脅迫和擾亂，並且變成一座破壞工廠，在政府指派的計畫任務中，除去任何可能已進入政府不允許範圍內的任何其他人。公民拋開對政府的輕蔑與冷漠，認同政府的意圖和目的，喚醒所有的軍事記憶與象徵，而國家再次以令人敬畏的姿態走進人民的想像中。愛國主義成為主導情感，並且立刻造成一種強烈、絕望的混亂感，讓人無以辨明個人與其所處的社會具有何種關係，以及應該具有什麼樣的關係。」[76]

在《五角大厦資本主義》（*Pentagon Capitalism*）中，西摩・梅爾曼（Seymour Melman）將國防產業比喻為病毒。他寫道，永久戰爭中的國防與軍事產業使經濟扭曲。它們顛覆社會與經濟的優先次序；將政府開支轉向龐大的軍事計畫，並以國家安全之名削減投資於國內的資金。我們生產精良的戰鬥機，而波音公司無法如期完成新的商用飛機。汽車產業破產崩潰。我們將錢拿去研究和開發武器系統，無心開發能對抗全球暖化的再生能源技術。大專院校中充斥著與國防相關的資金與補助，用於環境研究的資金則付之闕如。這就是永久戰爭的疾病。

在這個國家，大規模軍事開支每年攀升至近一兆美元，消耗了所有可支配開支的一半，社會成本無比龐大。橋樑與堤壩坍塌；學校衰敗；國內製造業萎縮；數兆的債務威脅著貨幣與經濟的發展空間；窮人、精神病患、病人和失業者被遺棄。人類的痛苦，包含我們自己的痛苦，是勝利的代價。

在永久的戰爭狀態下，公民受到權力、恐懼和力量等狡詐軍事化語言的轟炸，而這些語言掩蓋了一個日益脆弱的事實。永久戰爭主義背後的集團訛用列夫・托洛斯基（Leon Trotsky）的永久革命理論，他們必須讓人民永遠處於恐懼狀態。恐懼使我們無力反對政府繼續花錢投資過度膨脹的軍隊；恐懼意味著我們不會向當權者提出尖銳的問題；恐懼代表我們願意為了安全，放棄自己的權利和自由；恐懼讓我們像被馴化的動物一樣被圈在裡頭。

梅爾曼提出「永久戰爭經濟」（permanent war economy）的說法來描述美國經濟的特點，他指出自二次世界大戰結束以來，聯邦政府已將半數以上的稅收用於過去、現在和未來的軍事行動。這是政府最龐大的單一持續性計畫。軍事產業體系是有暴利可圖的產業，是鍍金的企業福利。國防系統在生產之前就已售出。軍事產業得以向聯邦政府收取巨額的成本超支。高額利潤絕對會進口袋。

像埃及這樣的國家獲得外國援助，收下大約三十億美元的金援，並且必須用其中的十三億美元購買美國武器。納稅人的錢被用來資助武器系統的研究、開發與生產，然後以別國政府的名義來購買。這是一個很古怪的循環，這違背自由市場經濟的概念。這些武器系統很快就需要更新或替換。幾年後，這些武器就會被拖進廢棄物堆積場任其生鏽。從經濟的角度來看，這是一條死路。除了永久的經濟戰爭，這並沒有支援或供養其他東西。

那些從永久戰爭中獲利的人不受經濟規則的限制，不像其他商人一樣要先生產商品、出售商品來賺取利潤，然後再將利潤用於後續的投資與生產。反之，他們在競爭性市場之外運作。他們抹去國家和公司之間的界線。他們吸光國家製造有用產品和生產永續工作的能力。梅爾曼以紐約市公共運輸局（New York City Transit Authority）為例，指出他們在二〇〇三年替新的地鐵車廂分配了三十至四十億美元。紐約市政府公開招標，但沒有任何一家美國公司回應。

梅爾曼認為，美國的工業基礎重心，再也不是用來維護、改善或建設國家基礎設施。紐約市最後與日本和加拿大公司簽約打造地鐵車廂。梅爾曼估計，這樣的合約能直接與間接替美國創造約三萬兩千個就業機會。另一個案例，在二〇〇三年里昂比恩（L. L. Bean）目錄中列出的一百種商品裡，梅爾曼就發現有九十二種是進口的，只有八種是在美國製造。

已故議員詹姆斯．威廉．傅布萊特（J. William Fulbright）在一九七〇出版的《五角大廈宣傳機器》（*The Pentagon Propaganda Machine*）中，描述軍事工業體制的影響。傅布萊特解釋五角大廈是如何透過數百萬美元的公關活動、國防部影片、與好萊塢製片的緊密關係和商業媒體的操縱，來影響和形塑公眾輿論。電視上的多數軍事分析師之前都是軍方官員，許多人受僱為國防產業的顧問，而這點他們鮮少向公眾揭露。正如《紐約時報》所報導，退役的四星陸軍將軍、NBC新聞的軍事分析師巴利・R・麥卡夫瑞（Barry R. McCaffrey），同時也是國防方案（Defense Solutions Inc.）這間顧問公司的員工。文章指出，他靠出售武器系統以及在電視中大肆鼓吹進一步擴大伊拉克和阿富汗戰爭的規模來獲利。

我們的永久戰爭經濟獲得兩黨支持。兩個執政黨支持永久戰爭的狂暴破壞力，因為這為他們帶來龐大資金。質疑軍事工業那龐大複雜的體系，就等於是斷送自己的政治生涯。

二戰以來，美國一直處於永久戰爭狀態，這代表自由主義必然凋零死亡。迪克・錢尼或許是個昭然若揭的惡魔，而喬・拜登只是軟弱無能，但對於那些試圖讓我們永遠處於戰爭狀態的人來說，這並不重要。他們得到自己想要的東西。費奧多爾・杜斯妥也夫斯基（Fyodor Dostoevsky）寫了《地下室手記》（*Notes from the Underground*）這本書，說明當我們這樣的自由主義階級變成一群毫無生氣、失敗的夢想家時，文化會有什麼下場。《地下室手記》中的主角將自由主義的破敗思想推向邏輯的極致。他成為啟蒙的理想典範。他摒棄激情與道德目標。他是理性的存在。他重視現實而非理智，甚至在自我毀滅當前也是如此。這些遷就的行為使「地下人」毀滅，正如它早就使俄羅斯帝國走向滅亡，並且也會使我們毀滅。

「我甚至從來就沒有成功成為任何東西：既不邪惡也不善良，既非惡棍也不是誠實的人，既不是英雄也不是昆蟲。」地下人寫道：「現在，我在我的角落裡度過一生，用充滿憎恨以及完全徒勞的安慰來嘲笑自己：一個聰明人不可能真的有什麼作為，只有傻瓜才能有一番成就。」[77]

美帝國的衰落早在當前的經濟崩潰或阿富汗和伊拉克戰爭之前就開始了。它始於雷根的第一次波斯灣戰爭。套句歷史學家查爾斯．麥爾（Charles Maier）的話，當我們從「生產帝國」轉變為「消費帝國」[78]時，衰退就開始了。越南戰爭結束時，戰爭成本腐蝕了林登．約翰遜（Lyndon Johnson）的偉大社會（Great Society），國內石油生產開始持續、無可阻擋地下降，我們才發現美國從一個首重生產的國家轉變為一個首重消費的國家。我們開始借錢來維持自己那無法再負擔的生活方式。我們開始動用武力，尤其是在中東地區，藉此滿足我們對廉價石油的貪婪需求。二戰後的幾年間，美國佔世界出口的三分之一，佔世界製造業的一半。但現在卻面臨嚴重的貿易失衡、工作外包、廢棄生鏽的工廠、停滯不前的工資，以及多數人無力償還的個人與公共債務。

該付出代價了。美國最危險的敵人不是伊斯蘭激進份子，而是那些鼓吹國家安全的扭曲意識形態的人。正如安德魯·巴塞維奇（Andrew Bacevich）所言，這種意識形態是「我們的替代宗教」[79]。如果我們繼續相信我們能擴大戰爭、進一步深陷債務當中，來維持無法永續的消費水平，就會將社會的基礎徹底炸毀。

巴塞維奇在《權力的極限》（*The Limits of Power*）中寫道：「大謊言（The Big Lies）並不是減稅的承諾、不是全民醫療健保、不是恢復家庭價值觀，也不是藉由展示美國強大的領導才能來締造世界和平。最大的謊言是那些未說出口的真相：自由也有其陰暗面；國家和家庭一樣，最終必須量入為出；縱然許多人自信滿滿地主張聲明，歷史的目的仍然是不可捉摸的。而最最重要的一點：權力是有限的。面對這樣的議題，政客沉默不語。因此，缺乏自我意識這種在美國性格中長期可見的現象至今持續存在。」

北約向中東歐擴張，替洛克希德·馬丁（Lockheed Martin Corp.）、雷神技術公司（Raytheon Technologies Corp.）、通用動力（General Dynamics Corp.）、波音（Boeing Co.）、諾斯洛普·格魯曼（Northrop Grumman Corp.）、分析服務（Analytic Services Inc.）、亨廷頓·英格爾斯工業（Huntington Ingalls Industries Inc.）、哈門那公司（Humana Inc.）、貝宜系統（BAE Systems）以及L3Harris科技公司（L3Harris

Technologies Inc.）等企業賺取數十億美元的利潤。在烏克蘭掀起的衝突，也將替他們帶來數十億的進帳。俄羅斯入侵烏克蘭後，通用動力、洛克希德·馬丁、諾斯洛普·格魯曼和雷神技術公司的股價創下五十二週的新高。

歐盟已經撥款數億歐元替烏克蘭購置武器。德國將國防預算增加至近三倍。不包含過去一整年提供給烏克蘭的六·五億美元軍事援助，拜登政府已要求國會再提供六十四億美元的資金來援助烏克蘭。永久戰爭經濟以不符合供需法則的方式運作。這是中東地區長達二十年的混亂泥淖之根源，是與俄羅斯衝突的根源。死亡的商人是撒旦。他們製造的屍體越多，銀行帳戶就越滿。他們將從這場衝突中獲利，而這場衝突有一定的機率會觸發核彈大屠殺，這也將終結地球上所有我們已知的生命。

我們這群在一九八九年革命與蘇聯解體期間在中歐和東歐採訪報導過的記者，都明白擴大北約對俄羅斯來說是一種危險而且完全可以預期的挑釁行為，使俄羅斯將其核能武器推上備戰狀態。

這種挑釁，包含在俄羅斯邊境一百英里處建立北約導彈基地，是相當愚蠢的行徑，同時也非常不負責任。這在地緣政治上一點意義也沒有。然而，這也不能成為入侵烏克蘭的藉口。是的，俄羅斯人上鉤了。但他們的反應是扣下板機。這就是犯罪。

讓我們祈禱這場戰爭能夠停息。讓我們努力重啟外交談判、恢復理智，並且中止向烏克蘭運送武器。讓我們期盼這場戰爭能在吞噬所有人的核能大屠殺降臨之前結束。

癡心妄想要透過武力來淨化世界，最後絕對會弄巧成拙。那些認為自己有辦法將世界塑造成他們想像中模樣的人，最容易將暴力當成解藥。不確定性、恐懼和現實越是衝擊這種烏托邦式的願景，那些要求消滅「敵人」的人就更尖銳、絕對，也更侵略激進。康德（Immanuel Kant）將用來執行不道德行為的絕對道德指令稱為「根本的邪惡」。他寫道，這種邪惡永遠是一種徹底純粹的自愛。這是最嚴重、糟糕的自欺，讓恐怖和謀殺有了道德的幌子。

在無休止的戰爭中，我們與誰作戰並不重要。無休止戰爭的目的不是為了贏得戰爭或完成某種理想目標。那就是目的本身。在歐威爾（George Orwell）的小說《一九八四》（*Nineteen Eighty-Four*）中，大洋洲與歐亞大陸交戰，並與東亞大陸結盟。然後，這個盟友關係突然逆轉。歐亞大陸成為大洋洲的盟友，東亞大陸則變成敵人。重點不在於敵方是誰，重點是要維持一種恐懼的狀態以及大規模動員社會公眾。戰爭與國安變成沒收公民權、鎮壓異議和擴大國家權力的理由。問題的關鍵在於戰爭本身。而如果曾經是真主黨（Hezbollah）死敵的美國，替敘利亞的真主黨戰士提供空中掩護，那永久戰爭的目標依然光榮存在。

但無休止的戰爭是不可能持續的。發動無休止戰爭的國家必然會崩潰。他們耗盡國家經費，被地球上的可憐人所憎恨，並且在軍事化並扼殺其政治、社會和文化生活的同時，壓迫國內人民並使其陷入貧困。他們被佛洛伊德（Sigmund Freud）所說的「死亡衝動」（death instinct）所引誘。這就是我們最終會涉入的境地。唯一的問題是國家何時會解體。

愛德華・吉朋（Edward Gibbon）談到羅馬帝國對永無止境的戰爭的欲望時，表示：「過度強大自然且不可避免的結果便是導致羅馬帝國的衰落。繁榮帶動衰敗；破壞的動機隨著征服範圍擴大而增加；一旦時間與意外去掉了人為的支撐，這個巨大的結構就無法撐起自身重量的壓力。毀滅的故事如此簡單明瞭：與其詢問羅馬帝國為何被摧毀，不如驚訝於它竟然能存活這麼久。」[80]

執政的菁英集體不再尋求建設。他們尋求的是毀滅。他們是死亡的代理人。他們渴望擁有不受阻礙的權力來吞噬國家、污染並剝蝕生態系統，以滿足對財富、權力和享樂主義的貪婪欲望。戰爭和軍事「美德」備受讚譽；智慧、同情心與共同利益遭到驅逐。文化被降格為愛國主義的庸俗存在；教育的目的只是為了灌輸科技方面的專業能力，來替企業資本主義的有害引擎服務。歷史失憶症使我們與過去、現在和未來隔絕。那些被貼上不生產或多餘標籤的人被拋棄，任由他們在貧困中掙扎，或被關在籠子裡。國家不分青紅皂白地施以殘暴的鎮壓。

蘇美、埃及、希臘、羅馬、馬雅、高棉、奧圖曼與奧匈帝國，世界帝國的墓地都遵循同樣的道德與物質崩潰軌跡。

佛洛伊德寫道，社會和個體都受到兩種主要的本能驅動。一個是生之本能，也就是Eros，意即對愛、養育、保護和保存的追求；第二種則是死之本能，後佛洛伊德者稱之為Thanatos，是由恐懼、仇恨和暴力所驅動。這種本能追求所有生物的解體，包含自己的生命。佛洛伊德指出，這兩種力量永遠都會有其中一種比較強勢。在歐洲法西斯主義崛起和二次大戰前夕，他寫下《文明及其不滿》（*Civilization and Its Discontents*）這本書，並在書中指出衰落中的社會會迫切擁抱死亡本能。

佛洛伊德寫道：「在施虐狂當中，死之本能扭曲了情欲目的之自身意義，但同時又充分滿足情欲的衝動，所以我們才能在當中清楚看出施虐狂的本質及其與性欲的關係。但是，即便它在沒有任何情欲目的之下出現，在最盲目的破壞性憤怒中出現，我們依然能看出這種本能的滿足伴隨著極高程度的自戀式陶醉，因為這讓自我覺得自己對於追求全能的古老願望已然實現。」81

按照佛洛伊德的理解，對死的欲望一開始並非病態，而是令人振奮、非常誘人的欲望。我在我報導過的戰爭中看到這點。武裝單位和民族或宗教團體，被一種神般的力量和腎上腺素驅動的憤怒或甚至是狂喜所席捲，他們被允許摧毀周遭的任何人事物。恩斯特・榮格（**Ernst Jünger**）在他的一戰回憶錄《鋼鐵風暴》（*Storm of Steel*）中描繪這種「可怕的毀滅欲望」。一群被絕望和無助孤立圍困的人，在毀滅的狂歡中找到力量與快感，而這種狂歡也成了自我毀滅。他們完全不想培育一個背叛他們、阻撓他們夢想的世界。他們企圖剷除這個世界，用一個神話般的景象來取而代之。他們轉而對抗那些因其苦難而成為代罪羔羊的體制以及民族和宗教團體。他們肆意掠奪日益減少的自然資源。煽動者口中如夢似幻的承諾，和基督教右派特有的神奇解決方案或人類學家所謂的「危機崇拜」，讓這群人深受誘惑。

正如佛洛伊德所言，人類的動機往往是非理性，並蘊含對死亡與自焚的強烈渴望。科學和科技強化並放大那些對戰爭、暴力和死亡的古老欲望。知識並沒有讓人類掙脫野蠻。文明的外衣只是掩蓋了困擾所有人類社會（包含我們自己的社會）的黑暗原始渴望。佛洛伊德畏懼這些衝動的破壞力。他在《文明及其不滿》中提出警告，表示如果我們無法調節或控制這些衝動，人類就會像斯多噶派所預言的那樣，在一場巨大的火災中耗盡自己。人類的未來取決於指出並控制這些衝動。假裝它們不存在就是在自欺欺人。

在政治和經濟動盪時期，社會和政治控制的崩潰瓦解，使得這些衝動佔上風。佛洛伊德所言不假：人類的首要傾向並不是像手足一樣彼此相愛，而是「在我們同伴身上滿足自己的侵略性，無償剝削其勞動力，在未經同意之下在性方面利用他，並奪取其財產，羞辱之、使之痛苦、折磨並謀殺之」。[82]波士尼亞的戰爭，包含猖獗的塞爾維亞民兵、強姦營、酷刑中心、集中營、被夷為平地的村莊和大規模處決，這都只是印證佛洛伊德之智慧的眾多例證之一。佛洛伊德認為，在最好的情況下，我們能學會與內心的張力跟衝突共處，加以調節和控制。他寫道，文明社會的結構總是充滿這種內在張力，因為「人天生的侵略本能、每個人對所有人的敵意和所有人對每個人的敵意，都違反文明的設定」。文明的負擔是值得的。正如佛洛伊德所知，另一種選擇是自我毀滅。

瑪麗·雪萊（Mary Shelley）警告我們，當人類違抗命運和眾神、企圖掌握生死時，就會成為普羅米修斯（Prometheus）。她筆下的維多·法蘭克斯坦（Victor

Frankenstein）在發現自己利用墳墓中屍體碎片打造出來的八英尺高怪物，竟然展現出駭人的生命力時，反應跟J．羅伯．奧本海默（J. Robert Oppenheimer）發現自己的炸彈焚燒了日本學童的反應相同。科學怪人維多．法蘭克斯坦看著他創造的生物睜開「暗黃色的雙眼」，他心中頓時充滿「令人窒息的驚恐與厭惡」。奧本海默在第一顆原子彈在新墨西哥州的沙漠引爆後說：「我想起印度教經文薄伽梵歌（Bhagavad-Gita）中的一句話。毗濕奴（Vishnu）試圖說服王子履行職責，並為了進一步說服王子，他化身為多臂的形態，說：『現在我變成死亡，世界的毀滅者。』不管用什麼方式，我認為我們每個人都是這麼想的。」[83]評論家哈羅德．布魯姆（Harold Bloom）稱維多．法蘭克斯坦是「道德上的白癡」，這個形容也能套用在奧本海默身上。

所有試圖控制宇宙、扮演上帝、成為生死仲裁者的行為都是來自道德白癡。他們會無情地向前挺進、剝削和掠奪，讓駭人的科技與科學工具更臻完美，直到他們創造的產物摧毀他們和我們為止。他們製造核彈；從油砂中提取石油；為了開採煤炭，將阿帕拉契山脈（Appalachian Mountains）變成一片荒地；為全球主義和金融的邪惡服務；經營化石燃料產業；讓碳排放淹沒整個大氣層、毀滅海洋、融化極地冰帽、帶來旱災與洪水、熱浪、怪異的風暴和颶風。

尾聲

我內心帶著死亡。腐爛和膨脹屍體飄散的氣味。傷者的哭聲。孩子的尖叫。槍砲聲。震耳欲聾的爆炸聲。恐懼。無煙線狀火藥的臭味。向恐怖投降並祈求活命時的羞辱。逝去的同袍與朋友。然後是後遺症。漫長的疏離感。麻木不仁。惡夢。睡眠不足。無法與所有生命體建立連結，就連與摯愛的人也無法。遺憾。荒謬。浪費。徒勞。

只有破碎和殘缺的人才能理解戰爭。我們請求寬恕。我們尋求救贖。我們背負著這個可怕的死亡十字架，因為戰爭的本質就是死亡，而其重量緊壓著我們的肩膀、吞噬我們的靈魂。我們背著這個重量活下去，上山下海，沿著道路，走進人生中最私密的地方。它從未離開。那些最了解我們的人都知道，我們當中有許多人內心藏著一些難以言表的邪惡。這種邪惡極其私密，極為個人。我們不去指名。那是已做之事和未做之事的邪惡，那是戰爭的邪惡。

在漫長而空洞的凝視中、在沉默中、在顫抖的手指中、在我們多數人埋藏內心深處的記憶中，以及在淚水中，都有戰爭的印記。

戰爭無法被描繪。敘事會使非理性的東西變得合理，就連反戰敘事也不例外。他們使不可理解的東西變得可以理解，使不合邏輯的東西變得合乎邏輯，使卑鄙的東西變得美麗。所有文字和圖像、所有討論、所有電影、所有對戰爭的回憶，無論好壞，都是可憎的產物。沒有什麼東西能被訴說。只有傷疤和傷口。這些我們都帶在身上，這是我們無法用言語表達的。那種恐怖。如此恐怖。

我在人生道路上飄蕩，內心充滿戰爭的死寂氣息。無可遁逃，沒有和平。我們所有參加過戰爭的人都曉得一個可怕的事實。鬼魂。他國土地上的異鄉人。

誰是我們的兄弟姊妹？誰是我們的家人？我們變成了誰？

我們已經成為那些自己曾經鄙視和殺害的人。我們已經成為敵人。我們的母親，就是為了她被謀殺的孩子悲傷的母親，而我們殺了這個孩子，在阿富汗的泥牆村莊，以及在費盧傑（Fallujah）或馬里烏波爾（Mariupol）一個滿是沙子的墓地。我們的父親，是躺在小屋裡的草蓆上，被爆炸的鐵質破裂彈炸到癱瘓的父親。我們姊姊在喀布爾外的難民營中過著極為貧困的生活。她是寡婦、極度困苦、獨自撫養自己的孩子。我們的兄弟，沒錯，我們的兄弟在塔利班和伊拉克叛亂中，在蓋達組織以及俄羅斯士兵當中。而且他有一把自動步槍。他會殺人。他正在變成我們。戰爭永遠是同樣的瘟疫，散播了同樣的致命病毒。戰爭教我們否認他者的人性、價值與存在，還有教我們殺戮和被殺。

有些時候，我希望自己是完整的。我希望我能放下這個十字架。我羨慕那些天真無邪的人，他們相信美國與生俱來的善良和戰爭的正義，並且歡慶那些我們知道其實相當卑鄙的行為。有時我希望能夠死，希望能得到死亡的和平。但我知道一個可怕的事實，正如詹姆斯·鮑德溫（James Baldwin）所寫：「對現實視而不見的人只會招致自身的毀滅，而任何在純真已經消亡之後還堅持保有純真狀態的人，都會把自己變成怪物。」[84]我寧願殘缺、破碎和痛苦，也不願變成怪物。

我永遠不會被治癒。我不能保證會好轉。我沒辦法像大家一樣宣揚開朗、幼稚的樂觀主義，這正是美國的詛咒。我只能叫你站起來，拿起你的十字架繼續前進。我只能告訴大家，你們必須持續反抗那些侵蝕你們、侵蝕國家的力量，那股力量就是戰爭的瘟疫。

有時我覺得自己像個無母的孩子

離家千里
離家千里

我藐視的是死亡，不是我個人的死亡，而是死亡的龐大體系。對權力和個人財富的黑暗原始欲望，戰爭與愛國主義的超級陽剛語言，被用來當成屠殺弱者和無辜者的理由，並且用以嘲弄正義。我不使用這些語言。

我們無法逃離邪惡。我們當中一些參加過戰爭的人曾經試過，靠喝酒、吸毒和自我毀滅來逃避。邪惡總是與我們同在。正因我們認識邪惡，知道我們自己的邪惡，我們才不放手、不投降。正因我們知道邪惡，才會起身反抗。正因我們知道邪惡，所以我們不訴諸暴力。我們知道重點不在我們身上。戰爭教會我們這點。重點在於那些躺在路邊的其他人。重點在於忽略信條和誓言、無視宗教與國籍，將我們的敵人扶起身來。所有的療癒以及關愛（對戰爭的蔑視就是對愛的肯定），都讓我們向宇宙的巨大力量大聲疾呼：無論我們多麼破碎，至少還不是無助的；無論我們有多絕望，至少還不是希望全無；無論我們覺得自己有多軟弱，我們永遠、永遠、永遠會持續抵抗。我們在抵抗中找到救贖。

謝辭

為了這本書而接受我採訪的人都付出巨大的情感代價。他們談到人生中最痛苦的事件。這本書如果具有任何一點力量，那都是來自於他們。我欠他們太多了，而當中有許多人也已經跟我變成朋友。我敬佩他們的毅力和勇氣。他們說出艱難的事實，我們都必須傾聽。

蘿拉．莫茲花了很多時間和我一起回溯她童年時承受的苦難——父親、母親和哥哥在大屠殺中遇害——以及奧斯威辛滅絕營的恐怖。托馬斯和克勞蒂亞．楊在托馬斯生命的最後幾天邀我到他們家，他想要做最後一次崇高的抵抗，抵制那些將他和其他年輕男女送到伊拉克、欺騙他們的政客。我要感謝退役軍人史賓賽．拉伯恩、羅里．范寧、麥克．漢斯、羅伯．魏巴克、約書亞．摩根．福爾瑪、布萊恩．特納、喬治．科瓦奇、傑佛瑞．米拉德、班．弗蘭德、喬許．米德爾頓、卡米洛．梅加、菲利浦．克里斯托爾、潔西卡．古德爾，以及博亞．J．法拉和卡洛斯．阿雷東多。他們承受著可怕、終生的戰爭傷痛。

尤妮斯（Eunice）有辦法將我寫的一切都提升到更高的水平，她永遠是我的繆思，雖然有時是個直率、高標準的繆思。托馬斯・卡斯維爾（Thomas Caswell），出版界中數一數二優秀的編輯，以及兩位偉大的新聞工作者羅伯・謝爾（Robert Scheer）和納達・札奇諾（Narda Zacchino），謝謝你們在這份稿子上投注大量時間。我還要感謝克里斯・謝爾（Chris Scheer）和克里斯多佛・倫肖（Christopher Renshaw）的協助，同時也要感謝才華洋溢的編輯伊莉莎白・貝爾（Elizabeth Bell）。七層出版社（Seven Stories Press）的編輯丹・西蒙（Dan Simon）和城市之光（City Lights）的格雷格・魯吉羅（Greg Ruggiero）在策畫這本書時扮演舉足輕重的角色。我很高興他們推著我前進、寫出這本書。最後，我要感謝我的家人，感謝他們忍受我瘋狂的寫作日程表，還有我們家兩隻懶惰的獵犬，牠們通常會躺在離我幾英尺遠的地方陪我敲打鍵盤。

參考書目

Adorno, Theodor. *Critical Models: Interventions and Catchwords*. New York: Columbia University Press, 2005.

Auden, W.H. *Selected Poems*. London: Faber and Faber, 1979.

Bartov, Omer. *Mirrors of Destruction: War, Genocide, and Modern Identity*. New York: Oxford University Press, 2000.

—*Murder in Our Midst: The Holocaust, Industrial Killing, and Repression*. New York: Oxford University Press, 1996.

Bacevich, Andrew J. *The Limits of Power: The End of American Exceptionalism*. New York: Metropolitan Books, 2008.

Baldwin, James. "Stranger in the Village" in *The Collected Essays of James Baldwin*. New York: The Library of America, 1998.

Bird, Kai and Sherwin, Martin J. *American Prometheus: The Triumph and Tragedy of J. Robert Oppenheimer*. New York: Vintage Books, 2005.

Bonner, Raymond. "The Diplomat and the Killer." *The Atlantic*, (Feb. 11, 2016). https://www.theatlantic.com/international/archive/2016/02/el-salvador-churchwomen-murders/460320/.

Bourne, Randolph. *War and the Intellectuals*. Indianapolis: Hackett Publishing Company, Inc: 1999

Curtis, O.E. *History of the 24th Michigan of Iron Brigade*. Detroit: Winn & Hammond, 1891.

Dostoevsky, Fyodor. *Notes From the Underground*. New York: Alfred A. Knopf, 1993.

Timothy Findley, *Inside Memory: Pages from a Writer's Workbook*. Toronto: Harper Collins Publishers *Ltd*, 1990.

Foote, Shelby. *Stars in Their Courses: The Gettysburg Campaign, June-July 1863*. New York: Random House, 1994.

Friedman, Thomas. Interview by Charlie Rose. *Charlie Rose* (May 30, 2003). https://charlierose.com/episodes/26893

Friedrich, Ernst, *War against War*, Seattle, Washington, The Real Comet Press, 1987.

Freud, Sigmund. *Civilizations and Its Discontents*, New York: W.W. Norton, 1989.

Fussell, Paul. *The Great War and Modern Memory*, New York: Sterling Publishing Company, Inc., 2009.

—*Wartime: Understanding and Behavior in the Second World War*, New York: Oxford University Press, 1989.

García Márquez, Gabriel. *Chronicle of a Death Foretold*. New York: Alfred A. Knopf, 1983.

Gibbon, Edward. *The Decline and Fall of The Roman Empire, vol. II*. New York: Modern Library.
Gibbs, Philip. *Now It Can Be Told*. New York: Harper & Brothers, 1920.
Goodell, Jess with Hearn, John. *Shade it Black: Death and After in Iraq*. Havertown, PA: Casemate Publishers, 2011.
Gray, J. Glenn. *The Warriors: Reflections on Men in Battle*. Lincoln: University of Nebraska Press, 1998.
Grinker, Lori. *Afterwar: Veterans From a World of Conflict*, de.mo design limited, 2005.
Grossman, David. *On Killing: The Psychological Cost of Learning to Kill in War and Society*. Boston: Little, Brown, 1996.
Grossman, Vasily. *Everything Flows*. New York: New York Review Book, 2009.
Guelzo, Allen C. *Gettysburg: The Last Invasion*. New York: Vintage Books, 2013.
Hedges, Chris and Al-Arian, Laila. *Collateral Damage: America's War Against Iraqi Civilians*, New York: Nation Books, 2008.
Hedges, Chris. *War is a Force That Gives Us Meaning*. New York: Public Affairs, 2014.
—*What Every Person Should Know About War*. New York: Free Press, 2003.
Herman, Edward S. and Chomsky, Noam. *Manufacturing Consent: The Political Economy of the Mass Media*. New York: Pantheon Books, 1988.
Hochschild, Adam. *To End All Wars: A Story of Loyalty and Rebellion*, 1914-1918. New York: Mariner Books, 2011.
Hynes, Samuel. *The Soldier's Tale*. New York: Penguin, 1997.
Jones, Franklin D. *Textbook of Military Medicine*. Falls Church, Va.: Office of the Army Surgeon General, U.S. Army, 1995.
Jünger, Ernst, *Storm of Steel*: From the Diary of a German Storm-troop Officer on the Western Front, New York: Fertig, 1996.
Kagan, Robert. "The Price of Hegemony: Can America Learn to Use Its Power?" *Foreign Affairs*, (May/June 2022). https://www.foreignaffairs.com/articles/ukraine/2022-04-06/russia-ukraine-war-price-hegemony
Levi, Primo. *The Drowned and the Saved*, New York: Vintage, 1989.
—. *Survival in Auschwitz*. New York: Collier, 1987.
LeShan, Lawrence. *The Psychology of War*. New York: Helios, 1992.
Mahedy, William P. *Out of the Night: The Spiritual Journey of Vietnam Vets*. New York: Ballantine Books, 1986.
Marbaker, Thomas D., *History of the Eleventh New Jersey Volunteers: From Its Organization to Appomattox*, Trenton: MacCrellish & Guigley, Book and Joe Printers, 1898.
Sacco, Joe. *The Great War July 1, 1916: The First Day of the Battle of the Somme*. New York, W.W. Norton & Company, 2013.
Sereny, Gita. *Into That Darkness: An Examination of Conscience*, New York: Vintage Books, 1974.
Shapiro, Harold Roland. *What Every Person Should Know About War*. New York:

Knight Publishers, 1937.
Shelly, Mary. *Frankenstein*. New York: Penguin Classics, 2018.
Sledge, E.B. *With the Old Breed: At Peleliu and Okinawa*. Oxford: Oxford University Press, 1981.
Smith, Mark. *The Smell of Battle, the Taste of Siege: A Sensory History of the Civil War*, New York: Oxford University Press, 2014.
Theweleit, Klaus. *Male Fantasies: Volumes I and 2*. Minneapolis: University of Minnesota Press, 1989.
Thompson, Mark. *A Paper House*. London: Vintage, 1992.
Trumbo, Dalton. *Johnny Got His Gun*. New York: Bantom, 1989.
Turner, Brian. *Here, Bullet*. Farmington, ME: Alice James Books, 2005.
Turse, Nick. *Kill Anything That Moves: The Real American War in Vietnam*. New York: Metropolitan Books, 2013.
van Agtmael, Peter. *2nd Tour Hope I Don't Die*. Photolucida, 2009.
Wikileaks. Classified Diplomatic Cable 08MOSCOW265_a. https://wikileaks.org/plusd/cables/08MOSCOW265_a.html
Wolff, Leon. *In Flanders Fields: The 1917 Campaign*. London: The Folio Society, 2003.

注釋

1. Grossman, Vasily. *Everything Flows*. (New York: New York Review of Books, 2009), 202.

第一章　戰爭是最大的惡

2. E.B. Sledge, *With the Old Breed: At Peleliu and Okinawa* (Oxford: Oxford University Press, 1981), 100.
3. 同上，198-199。
4. 同上，147。
5. Barbara Foley, "Fact, Fiction, Fascism: Testimony and Mimesis in Holocaust Narratives," Comparative Literature XXXIV (Fall, 1982), 333.
6. Ian Beacock, "The Democracy Walt Whitman Wanted," *The New Republic*, October 26, 2021.

第二章　預知戰爭紀事

7. Auden, W.H., "Epitaph on a Tyrant," *Selected Poems* (London: Faber and Faber, 1981), 80.
8. Wikileaks, Classified Diplomatic Cable 08MOSCOW265_a. https://wikileaks.org/plusd/cables/08MOSCOW265_a.html
9. Gabriel García Márquez, *Chronicle of a Death Foretold* (New York: Alfred A. Knopf, 1983), 50.

第三章　有價值與無價值的受害者

10. 引自 Raymond Bonner, "The Diplomat and the Killer" *The Atlantic*, February 11, 2016. https://www.theatlantic.com/international/archive/2016/02/el-salvador-churchwomen-murders/460320/
11. Edward S. Herman and Noam Chomsky, *Manufacturing Consent: The Political Economy of the Mass Media* (New York: Pantheon Books, 1988), 32.
12. Nick Turse, *Kill Anything That Moves: The Real American War in Vietnam* (New York: Metropolitan Books, 2013), 79.
13. 同上，91。
14. 同上，224-225。
15. 同上，226。

第四章　戰爭掮客

16. Robert Kagan, "The Price of Hegemony: Can America Learn to Use Its Power?" *Foreign Affairs*, May/June 2022. https://www. foreignaffairs.com/

articles/ukraine/2022-04-06/russia-ukraine-war- price-hegemony

17. Kiš, Danilo, *On Nationalism,* in the Appendix to Mark Thompson's *A Paper House* (London: Vintage, 1992), 339.
18. Elliot Abrams, "The New Cold War" *Council on Foreign Relations*, March 4, 2022. https://www.cfr.org/blog/new-cold-war-0
19. Paul Fussell, *Wartime: Understanding and Behavior in the Second World War*, (New York: Oxford University Press, 1989), 268.
20. Charles Krauthammer, "Victory Changes Everything . . . ," *Washington Post*, November 30, 2001.
21. "Testimony of William Kristol, "Senate Foreign Relations Committee, February 7, 2002, https://avalon.law.yale.edu/sept11/kristol.asp.
22. Frederick W. Kagan, "The Decline of America's Armed Forces," in Robert Kagan and William Kristol, eds., *Present Dangers: Crisis and Opportunity in American Foreign and Defense Policy* (San Francisco, 2000), 261.
23. Robert Kagan, "The Price of Hegemony: Can America Learn to Use Its Power?" *Foreign Affairs*, May/June 2022. https://www. foreignaffairs.com/ articles/ukraine/2022-04-06/russia-ukraine-war- price-hegemony

第六章　士兵的故事

24. Brian Turner, *Here, Bullet* (Farmington, ME: Alice James Books, 2005), 18.

第七章　存在危機

25. William P. Mahedy, *Out of the Night: The Spiritual Journey of Vietnam Vets* (New York: Ballantine Books, 1986), 7.
26. 同上，7。
27. 同上，115。
28. Chris Hedges and Laila Al-Arian, *Collateral Damage: America's War Against Iraqi Civilians*, (New York: Nation Books, 2008), xiv
29. 同上，xv-xvi。
30. 同上，xvi。
31. 同上，xix-xx。
32. 同上，xxii。
33. 同上，xxiii。
34. 同上，xxvi。
35. 同上，xxiii-xxiv。
36. 同上，xxiv。
37. 同上，xxvi。
38. 同上，xxvi。
39. 同上，xxvii。
40. 同上，xxvii。
41. Klaus Theweleit, *Male Fantasies: Volume 2* (Minneapolis: University of Minnesota Press, 1989), 8.

42. Thomas Friedman, interview by Charlie Rose, *Charlie Rose*, May 30, 2003. https://charlierose.com/episodes/26893
43. Theodor Adorno, *Critical Models: Interventions and Catchwords* (New York: Columbia University Press, 2005), 201.

第八章　屍體

44. Jess Goodell with John Hearn, *Shade it Black: Death and After in Iraq* (Havertown, PA: Casemate Publishers, 2011), 108-109.
45. 同上，119-120。

第十章　無法癒合的創傷

46. Dalton Trumbo, *Johnny Got His Gun*, (New York: Bantam,1989), 240-241.

第十一章　戰爭的陰影

47. Peter van Agtmael, *2nd Tour Hope I Don't Die* (Photolucida, 2009), 88.
48. Lori Grinker, *Afterwar: Veterans From a World of Conflict*, (de.mo design limited, 2005), 58-59.
49. Lori Grinker, *Afterwar: Veterans From a World of Conflict*, (de.mo design limited, 2005), 62-63.
50. Lori Grinker, *Afterwar: Veterans From a World of Conflict*, (de.mo design limited, 2005), 96-97.
51. Lori Grinker, *Afterwar: Veterans From a World of Conflict*, (de.mo design limited, 2005), 120-121
52. Lori Grinker, *Afterwar: Veterans From a World of Conflict*, (de.mo design limited, 2005), 124-125

第十二章　戰爭即神話

53. Timothy Findley, *Inside Memory: Pages from a Writer's Workbook*, (Toronto: HarperCollinsPublishersLtd, 1990), 51.
54. https://poetrytreasures.wordpress.com/2015/07/28/jack-fell-as-hed-have-wished-the-mother-said/
55. (Charles Sorley) Cited in Jon Silkin, *Out of Battle: The Poetry of the Great War* (London: Palgrave Macmillan, 1998), 52.
56. Philip Gibbs, *Now It Can Be Told* (New York: Harper & Brothers, 1920), 143.
57. Grossman, David, *On Killing: The Psychological Cost of Learning to Kill in War and Society* (Boston: Little, Brown, 1996), 43-44
58. Geoffrey Norman, *Military History Magazine*, Vol. 24, No.4, June 2007, 41.
59. Shapiro, Harold Roland, *What Every Young Man Should Know About War*, (New York: Knight Publishers, 1937), preface.
60. 同上，20-21。
61. Jones, Franklin D., "Neuropsychiatric Casualties of Nuclear, Biological, and

Chemical Warfare," in *Textbook of Military Medicine*, eds. Franklin D. Jones et al. (Falls Church, Va.: Office of the Army Surgeon General, U.S. Army, 1995), 105.
62. Friedrich, Ernst, *War Against War*. (Seattle, Washington: The Real Comet Press, 1987), 109.
63. J. Glenn Gray, *The Warriors: Reflections on Men in Battle* (Lincoln: University of Nebraska Press, 1998), 21.

第十三章　戰爭紀念館

64. Levi, Primo. *The Drowned and the Saved*, (New York: Vintage, 1989), 31.
65. 同上，36。
66. 同上，69。

第十四章　英雄的黃金時代

67. Allen C. Guelzo, *Gettysburg: The Last Invasion* (New York: Vintage Books, 2013), 35.
68. 同上，9。
69. Thomas D. Marbaker, *History of the Eleventh New Jersey Volunteers: From Its Organization to Appomattox*, (Trenton: MacCrellish & Guigley, Book and Joe Printsers, 1898), 109.
70. Mark M. Smith, *The Smell of Battle, the Taste of Siege: A Sensory History of the Civil War*, (New York: Oxford University Press, 2014), 167.
71. Allen C. Guelzo, *Gettysburg: The Last Invasion* (New York: Vintage Books, 2013), 275.
72. O.B. Curtis, *History of the 24th Michigan of Iron Brigade*, (Detroit: Winn & Hammond, 1891). 144.
73. 同上，146。
74. Shelby Foote, *Stars in Their Courses: The Gettysburg Campaign*, June–July 1863, (New York: The Modern Library, 1994), 86.

第十六章　永久的戰爭

75. Randolph Bourne, *War and the Intellectuals*, (Indianapolis: Hackett Publishing Company, Inc., 1999), 69.
76. 同上，67。
77. Fyodor Dostoevsky, *Notes From the Underground* (New York: Alfred A. Knopf, 1993), 7.
78. 引自 Andrew J. Bacevich, *The Limits of Power: The End of American Exceptionalism* (New York: Metropolitan Books, 2008), 28- 29.
79. Andrew J. Bacevich, *The Limits of Power: The End of American Exceptionalism* (New York: Metropolitan Books, 2008), 115.
80. Edward Gibbon, *The Decline and Fall of the Roman Empire*, vol. II, (New York: Modern Library), 438.

81. Sigmund Freud, *Civilization and Its Discontents* (New York: W.W. Norton and Company, 1961), 81.
82. Sigmund Freud, *Civilization and Its Discontents* (New York: W.W. Norton and Company, 1961), 81.
83. 引自 Kai Bird and Martin J. Sherwin, *American Prometheus: The Triumph and Tragedy of J. Robert Oppenheimer* (New York: Vintage Books, 2005), 309.

尾聲

84. James Baldwin, "Stranger in the Village" in *The Collected Essays of James Baldwin* (New York: The Library of America, 1998), 129.

國家圖書館出版品預行編目資料

戰爭是最大的惡：普立茲新聞獎戰地記者的血淚紀實／克里斯・赫吉斯（Chris Hedges）著; 温澤元 譯；-- 初版. -- 臺北市：商周出版；城邦文化事業股份有限公司出版；英屬蓋曼群島商家庭傳媒股份有限公司城邦分公司發行；民112.05
面： 公分. --
譯自：The Greatest Evil is War
ISBN 978-626-318-677-4（平裝）
1. 戰爭 2. 戰爭倫理

542.2 112006144

戰爭是最大的惡

原著書名／The Greatest Evil is War
作者／克里斯・赫吉斯（Chris Hedges）
譯者／温澤元
企畫選書／林宏濤、梁燕樵
責任編輯／楊如玉

版權／吳亭儀、林易萱
行銷業務／周丹蘋、賴正祐
總編輯／楊如玉
總經理／彭之琬
事業群總經理／黃淑貞
發行人／何飛鵬
法律顧問／元禾法律事務所 王子文律師
出版／商周出版
城邦文化事業股份有限公司
臺北市中山區民生東路二段141號9樓
電話：(02) 2500-7008 傳眞：(02) 2500-7759
E-mail：bwp.service@cite.com.tw
發行／英屬蓋曼群島商家庭傳媒股份有限公司城邦分公司
臺北市中山區民生東路二段141號11樓
書虫客服服務專線：(02) 2500-7718・(02) 2500-7719
24小時傳眞服務：(02) 2500-1990・(02) 2500-1991
服務時間：週一至週五09:30-12:00・13:30-17:00
郵撥帳號：19863813 戶名：書虫股份有限公司
讀者服務信箱E-mail：service@readingclub.com.tw
歡迎光臨城邦讀書花園 網址：www.cite.com.tw
香港發行所／城邦（香港）出版集團有限公司
香港灣仔駱克道193號東超商業中心1樓
電話：(852) 2508-6231 傳眞：(852) 2578-9337
E-mail：hkcite@biznetvigator.com
馬新發行所／城邦(馬新)出版集團 Cité (M) Sdn. Bhd.
41, Jalan Radin Anum, Bandar Baru Sri Petaling,
57000 Kuala Lumpur, Malaysia
電話：(603) 9057-8822 傳眞：(603) 9057-6622
Email：cite@cite.com.my

封面設計／鄭宇斌
內文排版／新鑫電腦排版工作室
印刷／韋懋實業有限公司
經銷商／聯合發行股份有限公司
電話：(02) 2917-8022 傳眞：(02) 2911-0053
地址：新北市231新店區寶橋路235巷6弄6號2樓

■2023年（民112）5月初版
定價 420 元

Printed in Taiwan
城邦讀書花園
www.cite.com.tw

ISBN 978-626-318-677-4